全球电力发展指数评价体系研究与应用

辛保安 等 著

中国电力出版社
CHINA ELECTRIC POWER PRESS

图书在版编目（CIP）数据

全球电力发展指数评价体系研究与应用 / 辛保安等
著. -- 北京：中国电力出版社，2024.12. -- ISBN
978-7-5198-9641-6

I. F416.61

中国国家版本馆 CIP 数据核字第 2024HG8675 号

审图号：GS 京（2024）2295 号

出版发行：中国电力出版社
地　　址：北京市东城区北京站西街 19 号（邮政编码 100005）
网　　址：http://www.cepp.sgcc.com.cn
责任编辑：孙世通（010-63412326）　柳　璐
责任校对：黄　蓓　常燕昆
装帧设计：赵姗姗
责任印制：钱兴根

印　　刷：北京顶佳世纪印刷有限公司
版　　次：2024 年 12 月第一版
印　　次：2024 年 12 月北京第一次印刷
开　　本：787 毫米 ×1092 毫米　16 开本
印　　张：11.5
字　　数：202 千字
定　　价：78.00 元

前　言

　　应对气候变化、加快能源转型已在全球形成广泛共识，能源配置格局、供给结构、利用方式、技术创新和产业生态正加速演变，能源发展"清洁化、电气化、网络化、数智化"特征愈发显著。电力是满足生产生活需求，提供安全、经济、绿色、普惠用能服务的直接载体，也是国民经济发展的关键支柱型和极具潜力的先导型产业，在未来能源体系中居于核心地位，在全球"碳达峰、碳中和"背景下，电力发展在推动能源绿色低碳转型、保障能源安全中的地位和作用更加凸显。构建全球电力发展指数，系统评估全球各区域、国家电力发展水平和成效，引领电力行业发展变革与技术创新，推动电力及相关产业转型升级，营造良好环境、促进各国电力合作和交流互鉴，意义重大、影响深远。

　　电力发展态势和发展进程受经济社会、产业结构、技术体系、政策环境、体制机制等诸多因素影响。面向全球能源转型对电力安全保供、绿色低碳、经济高效、技术创新等方面的新要求，为科学、公正、客观展示各国各区域电力发展水平，全球能源互联网发展合作组织（GEIDCO）研究编制了《全球电力发展指数研究报告 2024》（简称"报告"）。基于全球能源转型发展趋势、电力在能源转型中的主导作用，报告研究提出全球电力发展综合指数和两级四维电力发展指数指标体系和测算方法，并对全球各大洲及 100 个国家进行电力发展指数测算和排序❶。报告在 2024 年全球共享

---

❶ 本报告对任何领土主权、国际边界疆域划分以及任何城市或地区名称不持立场。

发展行动论坛、联合国可持续发展高级别政治论坛上进行了发布和宣介，在全球范围引发了高度关注和共鸣。

为进一步提升研究成果的实用性和前瞻性，在已发布报告基础上，对全球电力发展指数理论基础、指标体系设计、研究成果应用等方面进行了丰富和完善，形成本书。**全书共分五部分、十章，由辛保安总体策划、组织编写及统稿。**

第一部分介绍**研究背景与理论基础**，含第 1、2 章，由辛保安、余潇潇、陈晨等编写。**第 1 章**剖析全球能源电力转型的驱动因素和电力在能源系统中的核心地位，总结全球能源转型与电力发展现状及面临的机遇和挑战。**第 2 章**基于能源可持续发展理论，研究提出全球电力发展指数的理论研究框架。

第二部分介绍电力发展指数体系及测算方法，含第 3、4 章，由辛保安、周原冰、肖晋宇、郭攀辉等编写。**第 3 章**介绍电力发展指数构建原则，研究提出电力发展指数指标体系，并对指标释义和计算方法进行了解读。**第 4 章**介绍了电力发展指数测算流程和测算方法，对数据收集与处理、数据标准化、权重设计和指数测算等各环节进行了详细阐述。

第三部分是电力发展指数实证分析与应用，含第 5、6、7、8章，由余潇潇、梁才浩、宋福龙、燕志宇等编写。**第 5 章**选取了全球 100 个国家开展电力发展指数综合测算和分析，根据测算结果对全球电力发展水平趋势和特点进行了总结。**第 6 章**对各大洲电力发展综合指数开展测算分析，并对各区域电力发展情况进行横向对标，总结各区域电力发展经验，明确改进方向。**第 7 章**分析各国电力发展指数得分及排序结果，选择各区域电力发展领先的国家开展案例分析，总结电力发展的成功经验和面临的挑战。**第 8章**面向政策制定者、电力投资者、能源电力行业从业人员三个不同读者群体，介绍本成果的应用方法。

第四部分是全球电力发展展望，含第 9、10 章，由辛保安、周原冰、李隽等编写。**第 9 章**从电力供需、电网发展、电力领域国际合作等方面对全球电力发展趋势进行了研判。**第 10 章**对清洁能源发电、先进输电、数智化电网、智能用电等电力发展关键技术进行了展望。

第五部分结语由辛保安编写。

电力是构建清洁低碳、安全高效能源体系的核心和关键环节，对实现能源可持续发展和应对气候变化具有重要意义，全球电力发展指数研究旨在为全球电力转型变革提供科学指引，促进国际能源电力广泛合作，推动人人享有可持续可负担电力，助力构建人类命运共同体。希望本书能为政府部门、国际组织、能源企业、金融机构、研究机构、高等院校和相关人员开展政策制定、战略研究、国际合作等提供参考和借鉴。受数据资料和研究编写时间所限，内容难免存在不足，欢迎读者批评指正。

目　录

第三部分   电力发展指数实证分析与应用

第四部分　全球电力发展展望

第五部分　结语

第一部分

研究背景与理论基础

1   全球能源转型与电力发展

能源是经济增长和社会发展的关键物质基础，在国家发展战略中具有特殊地位。近年来，全球气候变暖引发极端天气频发、海平面上升、生态系统破坏等严峻挑战，迫使各国将能源生产和消费低碳转型发展视为共同责任。地区冲突等"黑天鹅"事件对全球能源价格、能源贸易体系带来重大冲击，叠加各国经济增长以及对能源需求的持续攀升，促使越来越多国家加快发展可再生能源，提升能源自主权、减少对化石能源进口依赖，推动能源结构优化升级。

1.1   全球能源转型的驱动因素

全球能源转型是推动当今世界能源结构深刻变革的核心动力，其影响广泛且深远。在此过程中，技术进步、政策导向、经济社会发展、环境保护需求等多重因素相互交织，共同推动全球能源格局的持续演变与升级，如图 1-1 所示。

应对气候变化的国际承诺成为全球能源转型的首要驱动力。各国通过《巴黎协定》等国际框架，设定了明确的减排目标，力求实现碳中和。全球碳排放量的削减目标已成为各国制定能源政策和发展战略的核心考量。减排承诺推动了全球范围内可再生能源的普及和应用，进一步强化了清洁能源技术的市场占有率。各国纷纷出台碳交易制度，实施碳税政策，并通过绿色金融政策大力扶持清洁能源领域的创新发展。此外，国际组织、跨国合作机制的建立，促使各国加速转型，形成全球共同应对气候变化的合力。全球温室气体与二氧化碳排放趋势如图 1-2 所示。

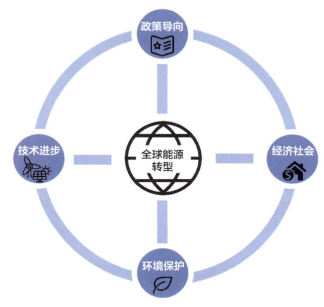

图 1-1　全球能源转型驱动因素示意图

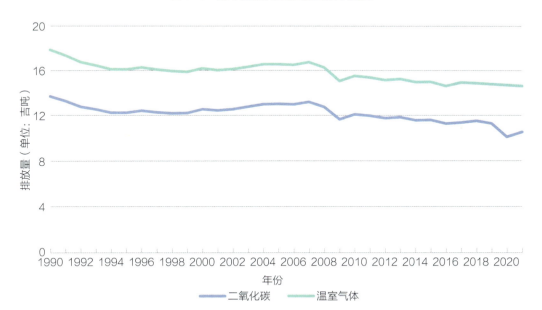

图 1-2　全球温室气体与二氧化碳排放趋势

　　技术进步加速全球能源转型进程。清洁能源技术的快速进步，特别是在风能、太阳能、氢能等领域的创新突破，为全球能源转型奠定了坚实的技术基础。随着技术的成熟，清洁能源的成本大幅降低，逐渐具备了与传统化石能源竞争的能力。各种储能技术的快速发展助力解决清洁能源波动性问题，为新能源的大规模应用提供保障。人工智能、大数据和物联网等数字化智能化技术的发展应用，使得能源电力系统的管理、调度更加智能化、灵活化，提升可再生能源接入能力和系统整体效率，推动能源系统智能化发展。清洁低碳电力系统示意如图1-3所示。

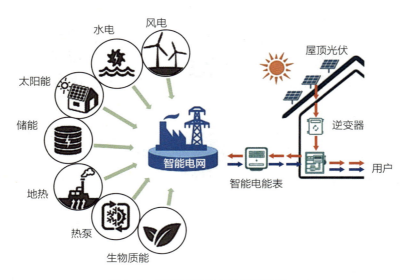

图1-3　清洁低碳电力系统示意图

经济因素已成为推动能源转型的关键力量。随着全球化石能源价格波动加剧，传统能源供应的稳定性受到严重影响，世界各国更加重视可再生能源发展。可再生能源规模化发展推动成本显著下降，使其逐渐成为经济性较强的能源选择。尤其在全球经济复苏背景下，清洁能源投资的回报率逐渐提高，吸引了大量资本涌入。同时，能源转型带来了新的就业机会和经济增长点，成为许多国家应对经济下行压力的重要手段。化石能源高昂的环境成本和日益严格的排放法规，也促使传统能源企业转型，推动能源行业绿色发展。

环境保护和可持续发展诉求为能源转型注入强劲动力。随着公众环保意识的不断提升，绿色低碳生活方式逐渐深入人心。社会各界对清洁能源的需求愈加强烈，促使各国政府和企业加大对可再生能源的投资和推广力度。与此同时，全球城市化进程的加快和中产阶级的崛起，推动了能源消费模式的变革。各国逐步从高能耗、低效的传统能源消费模式向清洁、高效的能源结构转型，提升了能源利用的整体效率，减少了对环境的负面影响。

能源安全需求加速了能源多元化进程。全球能源供应形势复杂多变，传统化石能源供应链面临诸多风险，许多国家开始着力提升本国能源的自主性和安全性。通过发展可再生能源，特别是风电、光伏等分布式能源，各国大幅减少了对化石能源进口的依赖，增强了国家能源安全保障能力。此外，发展本土能源产业不仅可以增强能源自给能力，还能带动地方经济发展，提升国家竞争力。化石能源进口占本国能源消费较高的部分国家见图1-4。

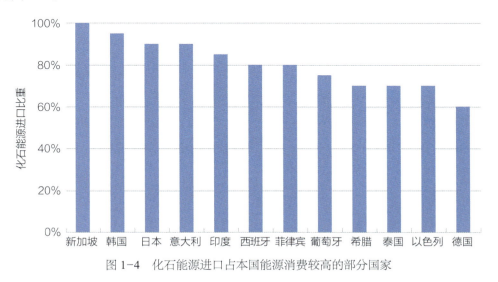

图1-4　化石能源进口占本国能源消费较高的部分国家

全球能源转型的多重驱动因素不仅相互促进，还形成了一个协同作用的整体，共同推动全球能源系统的持续优化和升级。未来，随着技术进步、政策完善、经济社会需求演进，全球能源转型将继续深入推进，为全球电力行业发展提供更加坚实的动力和更广阔的前景。

1.2　电力在能源转型中的主导作用

电力是构建清洁低碳、安全高效能源体系的核心和关键环节，是清洁能源开发利用的主要方式，电力能够实现多种能源间的灵活高效转换，是终端替代化石能源的主要选择。电力系统连接着水能、风能、太阳能等清洁一次能源和热能、氢能等二次能源，是实现能源高效配置的重要枢纽和平台载体。在全球"碳达峰、碳中和"背景下，电力发展在推动能源转型变革、保障能源安全中的地位和作用更加凸显，对实现能源可持续发展和应对气候变化具有重要意义。

（一）电力绿色低碳转型是推动能源行业碳减排的核心

能源活动是碳排放的主要来源，国际能源署发布的《2022 年二氧化碳排放》分析报告显示❶，2022 年与能源相关的二氧化碳排放量达到 368 亿吨，创历史新高，占全球碳排放总量的 83%。分行业看，电力行业碳排放量达到 147 亿吨，占能源领域碳排放的 40%，排第二的工业行业碳排放仅为电力行业碳排放的一半。究其原因，主要是以化石能源燃烧发电为主的传统电力系统碳排放强度大，且电力需求不断增长，造成大量碳排放。电力行业的绿色低碳发展进程将直接决定能源行业碳减排成效，同时电力作为工业等其他能源行业化石能源替代的重要选择，电力行业减排对其他能源行业碳减排具有积极带动作用。2019—2022 年全球二氧化碳分行业排放量见图 1-5。

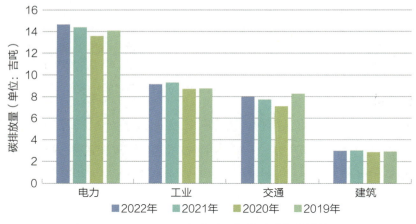

图 1-5　2019—2022 年全球二氧化碳分行业排放量

随着风电、太阳能发电量的快速增长，化石能源发电量占比逐渐下降，全球电力行业碳排放已进入结构性下降阶段。2023 年，全球电力行业碳排放 135.8 亿吨❷，年均增长下降至 0.9%。全球单位用电量碳排放持续下降，2023 年降至约 0.49 千克/千瓦时，过去 5 年下降 8 个百分点。全球单位用电量碳排放变化示意见图 1-6。

---

❶ https://www.iea.org/reports/co2-emissions-in-2022.

❷ 数据来源：IEA《Electricity 2024》报告。

图 1-6 全球单位用电量碳排放变化示意图

（二）供应侧以发电为主要方式，推动清洁能源开发利用

全球风能、太阳能等可再生能源极为丰富且具有清洁、易获取、分布广泛的优势，发电是各种可再生能源大规模开发和高效利用的技术途径，在供给侧实施对化石能源的清洁替代，在保障能源安全、促进能源转型方面作用重大。近年来，全球可再生能源开发规模呈快速扩张态势，正成为推动世界能源结构加速转型升级的主导力量。

清洁能源发电装机容量和发电量占比逐步提升，电源结构持续优化。2023 年，全球电源总装机容量达到 89.6 亿千瓦[1]，其中清洁能源装机容量约 42 亿千瓦[2]，占比约 47%，近 5 年增长 7.6 个百分点。2023 年，全球电源总发电量达到 29.7 万亿千瓦时[3]，其中清洁能源发电量占比达到 39.3%，近 5 年增长 3.3 个百分点。

新能源发电进入倍增式发展阶段。随着风电、光伏的发电成本持续下降，全球风电、太阳能发电装机规模快速提升。2023 年，全球风电、太阳能装机容量分别达到 10.2 亿、14.2 亿千瓦[4]，总装机占比达到 27%，相比于 2018 年提升了 12 个百分点，总规模是 2018 年的 2.3 倍。2018 年以来，全球新能源装机年均新增规模达到 2.8 亿千瓦。

全球电源装机容量变化、全球电源发电量变化、全球新能源装机容量变化示意见图 1-7～图 1-9。

---

[1] 数据来源：根据 IRENA《Renewable capacity statistics 2024》报告推算。
[2] 数据来源：IRENA《Renewable capacity statistics 2024》报告，IEA《Electricity 2024》报告。
[3] 数据来源：IEA《Electricity 2024》报告。
[4] 数据来源：IRENA《Renewable capacity statistics 2024》报告。

图 1-7　全球电源装机容量变化示意图

图 1-8　全球电源发电量变化示意图

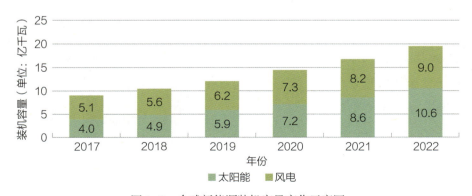

图 1-9　全球新能源装机容量变化示意图

（三）配置侧以能源互联网为载体，构建数智化坚强电网

网络化发展是全球能源清洁低碳转型的内在需求，将推动传统能源系统向能源互联网演进。全球清洁能源资源总量巨大，但多分布于荒漠、戈壁、海洋等人类活动较少的地区，清洁能源资源和消费分布不均衡决定了全球能源电力转型既需要大力开发多种类型的清洁能源资源、又要充分发挥以电网为代表的能源网络在各类能源高效转化、优化配置和供需对接等方面的巨大优势，系统性解决清洁能源灵活配置、高效消纳与能源安全保供等挑战。

电力转型发展对各类创新要素和资源的配置能力提出更高要求，电力系统呈现数智化发展趋势。电力系统数智化发展以数字化转型为基础、智能化发展为手段、绿色化发展为目标，以"大云物移智链"等现代信息技术为驱动，发挥数字产业与能源电力产业深度耦合优势，推动源网荷储各环节各类主体的信息共享和能力互补，激发各类资源和创新要素互联互通。2023 年，电力行业数字化智能化相关项目和合作数量较 2022 年增长一倍[1]，重点业务领域包括新能源发电预测，电网运行在线监测与自动控制、电力营销与市场服务等。近年来全球电力行业数字化智能化项目与合作变化情况见图 1-10。

图 1-10　近年来全球电力行业数字化智能化项目与合作变化情况

数智化坚强电网是支撑能源配置平台化的关键载体。以电网为主要载体推动能源网络广泛互联，可充分利用多种清洁能源资源之间的时区差、季节差、资源差、价格差，

---

[1] 数据来源：彭博新能源财经《AI Joins the Front Lines in Battle to Clean Up Power Grids》报告。

实现清洁能源优化配置和高效利用，形成"风光水火核"多能互补、"电氢冷热气"互通互济、"源网荷储"协调联动，各类能源、各个环节协同融合发展。通过构建以特高压和超高压为骨干网架，以各级电网为有力支撑，融合"大云物移智链"等现代信息技术的数智化坚强电网，可显著提升可再生能源广域输送和深度利用能力。全球能源互联网骨干网架示意见图 1-11。

（四）消费侧以电能替代为主要选择，全面提升电气化水平

加快电能替代，提高能源消费电气化水平，是推动能源消费结构持续优化的重要途径。电能是优质高效的二次能源，经济价值相当于等当量煤炭的 17.3 倍、石油的 3.2 倍，电能消费占终端能源消费比重每提高一个百分点，能源强度下降 3.7%。加快消费侧电能替代，推动以电代煤、以电代油、以电代气、以电代柴，形成电能为主的能源消费格局，叠加供给侧清洁替代，新增电能需求主要由可再生能源满足，将大幅提高各国能效水平、用能结构清洁化水平，保障能源转型顺利推进。

2023 年，全球电力总需求达到 27.7 万亿千瓦时 ❶，保持了 2020 年以来持续增长的趋势，其中中国增长 6.4%、印度增长 7%、印度尼西亚增长 7%，显著高于全球平均增长水平，新兴经济体和发展中国家已成为推动全球电力需求增长的主要力量。电能占全球终端能源消费比重连续 3 年保持 20% 以上，电气化已成为全球主要国家推动传统行业降碳、促进新兴产业发展和提高电力可及率的关键途径。

全球及主要国家和地区电力需求变化情况见图 1-12，全球电气化水平变化示意见图 1-13。

电动汽车等交通部门电气化、数据中心、人工智能算力、新能源装备制造等新兴产业形成了全球电力需求增长的新动力。2023 年，全球电动汽车 ❷ 总保有量已达到 4000 万辆，总用电量达到 1300 亿千瓦时 ❸，占据全球电力总需求的 0.5%，相当于中国和欧盟用电量之和的 1%，约等于挪威全国的用电量。以中国为代表，全球电动汽车产业取得了长足进步，产能不断提高，未来全球电动汽车电力需求将快速增长，预计 2030 年

---

❶ 数据来源：IEA《Electricity 2024》报告。

❷ 纯电汽车和插电混动汽车之和。

❸ 数据来源：IEA《Global EV Outlook 2024》报告。

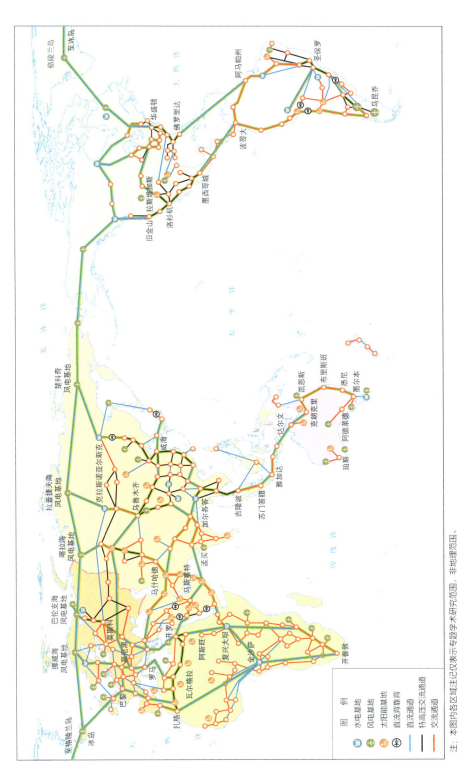

图1-11　全球能源互联网骨干网架示意图

注：本图内各区域注记仅表示专题学术研究范围，非地理范围。

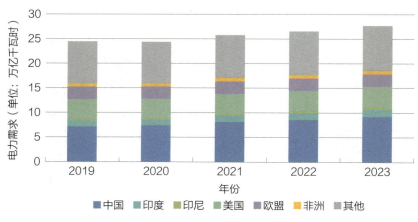

图 1-12　全球及主要国家和地区电力需求变化情况

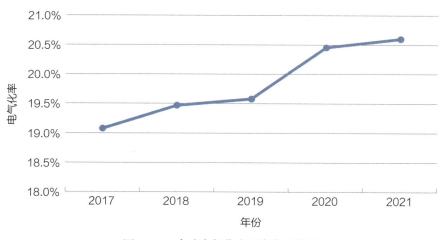

图 1-13　全球电气化水平变化示意图

有望超过 1 万亿千瓦时。数据中心、人工智能及新能源装备制造已成为许多地区电力需求增长的重要推动力。目前全球在运数据中心已超过 8000 个，其中一半集中在美国（33%）、欧洲（16%）和中国（10%）。2022 年全球数据中心总用电量约 4600 亿千瓦时❶，占全球用电量的 2%。预计 2026 年可能超过 1 万亿千瓦时，相当于日本的用电量。全球数据中心、人工智能相关电力需求变化及预测见图 1-14。

---

❶ 数据来源：IEA《Electricity 2024》报告。

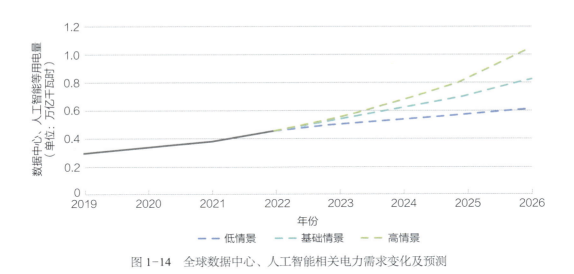

图 1-14 全球数据中心、人工智能相关电力需求变化及预测

1.3 电力发展指数研究目的和意义

电力是国民经济发展的关键支柱型和极具潜力的先导型产业，在未来能源体系中居于核心地位，构建全球电力发展指数，科学评价全球各区域、主要国家电力发展成效和挖掘优势潜能，指引电力行业发展变革与技术创新，推动产业转型升级，促进互学互鉴、协同合作，推动人人享有可持续可负担电力具有重要意义。

（一）评估发展成效、挖掘优势潜能

电力发展态势和发展进程受经济社会、产业结构、技术体系、政策环境、体制机制等诸多因素影响。全球各大洲、区域及国家在发展阶段、资源禀赋等诸多方面存在差异，因地制宜、因时制宜，系统评估全球各区域各国电力发展水平和发展成效，对各国科学研判电力发展定位，深入挖掘优势潜能，着力补齐短板弱项，促进电力行业创新和可持续发展至关重要。全球目前仅有世界银行等机构发布了获得电力等单一维度的电力评价指标，难以全面、系统地反映世界各国特别是新兴经济体和广大发展中国家近年来的电力发展状况、发展成就和发展趋势。

（二）引领转型变革、推动技术创新

通过引入电力发展指数，多维度、分区域、分国别对电力发展水平进行综合评估，可为政策制定者和决策者把握行业变革趋势和技术创新方向提供指引；统筹本国资源禀赋、产业结构、技术基础、政策环境等发展实际，找准发展差距、明确创新投入主攻方向和技术研发关键突破口；通过区域、国家横向比较，优化调整行业相关政策、完善市场体制机制，营造能源电力绿色低碳、经济高效转型的政策和市场环境。

（三）推动产业升级、提高效率效益

通过评估电力技术创新能力、基础设施建设水平、市场潜力及发展趋势，为产业升级提供方向指引，带动电力行业和相关新型产业投资；以产业转型升级为契机，实现生产力要素优化组合的跃升，培育产业发展新业态、新模式、新动能，实现资源共享、优势互补，提升投资效率和效益。

（四）营造良好环境、促进协同合作

通过对全球各区域各国家电力发展水平、供应保障能力、服务水平和转型进程等进行系统评估，营造交流互鉴的良好环境，便于各国分享在电力基础设施建设、运营服务、技术创新、市场改革、环境保护等方面的经验，推动不同发展阶段、不同资源禀赋国家间协同合作，助力人人享有可持续可负担电力。

2　电力发展指数的理论基础

2.1　能源可持续发展理论基础

1987 年，世界环境与发展委员会（WCED）发表了《我们共同的未来》报告，首次提出可持续发展理念，并在 1992 年联合国环境与发展大会上得到广泛共识与承认，明确可持续发展为全球共同行动。可持续发展是指既满足当代人需要，又不对后代人满足其需要的能力构成危害的发展。2013 年，中国国家主席习近平在出访中亚和东南亚国家期间提出共建"一带一路"倡议，2015 年，在第七十届联合国大会一般性辩论时发表重要讲话中提出推动构建人类命运共同体目标，旨在为实现联合国 2030 年全球可持续发展目标贡献中国智慧与中国力量。

能源作为人类社会可持续发展的基础，能源可持续发展近年来成为联合国可持续发展的最重要议题。实现能源可持续发展的关键是要在能源开发利用的过程中，平衡好经济、环境和社会的关系，确保资源的可持续利用和未来世代的利益。能源可持续发展的核心是倡导利用可再生能源，通过能源节约和改善能源效率，满足社会对能源的需求，减少环境和社会的负面影响。

电力作为能源系统的关键组成部分，要实现电力的可持续发展，也是要处理好电力与经济、环境和社会三者之间的关系。电力系统作为公共基础设施，直接影响到一个国家经济社会发展和人民日常生活，因此安全可靠的电力供应是对电力发展的最根本和最核心诉求，优质高效的电力消费服务是对电力发展的重要目标。

能源可持续发展方向示意见图 2-1。

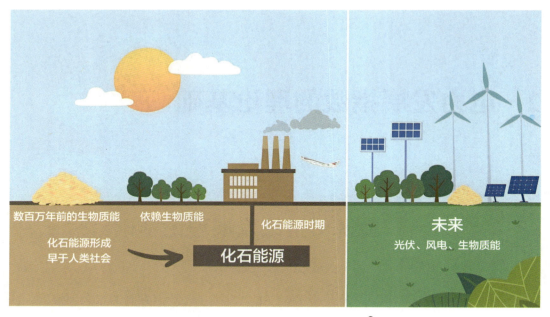

图 2-1　能源可持续发展方向示意图 ❶

　　技术创新进步是推动电力可持续发展的关键。一是大力发展清洁能源发电技术，满足电力供应可持续发展需要；二是加快智能电网技术研发应用，提升电网数字化智能化水平，提高电力资源配置能力和电力系统稳定性、安全性，为用户提供便捷高效的电力服务；三是研发推广先进的电力传输和存储技术，提高电力资源配置效率；四是推广电能替代和智能用电技术，如电动汽车和充电基础设施、电制燃料等，提升电气化水平、减少化石能源消费、保护环境。

　　绿色低碳发展是电力转型和可持续发展的方向。一方面，电力系统碳排放是全球碳排放的主要来源之一，应对气候变化，必须减少化石能源发电利用，降低碳排放；另一方面，可再生能源资源分布广泛、储量充足，能够可持续发展利用，同时可再生能源发电成本持续下降，使用绿电代替化石能源发电能够提升能源供应安全、节约能源利用成本。绿色低碳发展是实现电力可持续发展的主要途径。

---

❶ https://green.org/2024/01/30/sustainable-energy-transition-a-thought-leaders-blueprint/.

2.2 电力发展指数评价体系基本要素

（一）基本要素

构建电力发展指数体系，评价电力发展成效，是电力工业科学决策的前提，是重要的基础性工作。电力发展指数需要一个综合性指标，对电力发展整体水平做出综合性判断，同时还需要包含若干个不同指标反映不同维度发展情况。电力系统包含发输配用各个环节，政策、技术、市场等诸多要素，评价体系不仅要考虑结构化、定量化的因素，还要考虑大量非结构化、半结构化、模糊性因素，面临较大挑战。电力发展指数评价体系应包含以下七大基本要素。

（1）评价目的：在评价工作开始之前，首先要明确评价目的，即评价工作的根本指导方针。要明确为什么要开展综合评价、要评价哪些方面、评价精确度要求等。

（2）评价对象：评价对象通常是同类事物（横向）或同一事物在不同时期（纵向）的表现。评价对象的特点直接决定着评价的内容、方式及方法。

（3）评价者：评价者可以是某个人或某团体组织（专家小组）。评价目的的确定、评价对象的确定、评价指标的建立、权重系数的确定、评价模型的选择都受评价者影响。因此，评价者的作用在综合评价过程中至关重要。

（4）评价指标：评价指标是根据评价对象和目的，能准确反映评价对象在某一方面情况的特征依据。每个评价指标都从不同侧面刻画评价对象所具有的某种特征。指标体系是由一系列相互联系的指标所构成的整体，它能够依据评价对象和目的，综合反映对象各个方面的情况。

（5）权重系数：权重系数反映了指标对总目标的贡献程度及不同评价指标之间的相对重要性。当被评价对象及评价指标都确定后，评价的结果就主要依赖于权重系数。所以，权重系数的合理与否，直接影响到评价结果的可信程度。

（6）综合评价方法：所谓综合评价方法，就是通过一定的数学模型（或算法），将多个评价指标值转换为一个整体性的综合评价值。

（7）**评价结果**：评价结果是综合评价最终输出的结果。对评价结果进行解释并依据评价结果进行决策，是进行综合评价的目的所在。

（二）方法理论

全球电力发展指数基于多指标综合评价方法对全球各区域、各国家电力发展质效开展系统性评估。多指标综合评价方法是对多指标进行综合、聚合的一系列方法的总称。用数学语言表示，即为在获得了 n 个系统（评价对象）的 m 个评价指标值 $\{x_{ij}\}(i = 1, 2, \cdots, n; j = 1, 2, \cdots, m)$ 的基础上，如何构造综合评价函数

$$y = f(x, w)$$

式中：w 为指标的权重向量，$w = (w_1, w_2, \cdots, w_m^T)$；$x$ 为系统的状态向量，$x = (x_1, x_2, \cdots, x_m^T)$；$y$ 为最终的评价得分向量，根据向量 y 中各元素的数值大小对评价对象进行排序和分类。

针对上述多指标综合评价问题，20 世纪以来，大量专家学者相继开展了大量研究，综合评价方法从以简单数学理论为基础发展到多学科相互交叉，从单一指标、单一准则评价发展到多指标、多准则评价，从定性评价发展到定量评价，从静态评价发展到动态评价，推动综合评价方法理论不断发展完善。

1888 年，埃奇沃思（Edgeworth）在英国皇家统计学会的杂志上发表了《考试中的统计学》一文，提出了对考试中不同部分应如何加权，首次将加权思想引入到评价中。因此，他被称为开现代科学评价之先河者。1913 年，斯皮尔曼（Spearman）发表了《和与差的相关性》一文，讨论了不同加权的作用，推动了加权思想的发展。20 世纪 30 年代，瑟斯通（Thurstone）和李科特（Likert）对定性记分法的工作给予了新的推动。

20 世纪 70～80 年代，是综合评价领域蓬勃发展的年代。在此期间，产生了多种应用广泛的评价方法，如多维偏好分析线性规划法、层次分析法、数据包络分析、逼近理想解排序法、主成分分析技术等。多维偏好分析线性规划法主要用于处理多目标优化问题，通过建立线性规划模型来找到满足所有目标的最佳解决方案。层次分析法由萨提（Thomas L. Saaty）提出，是一种定量和定性相结合的系统化分析方法，通过构建层次结构模型来表达决策问题的各个要素，并通过两两比较确定各要素的相对重要性，进而得出综合评价结果。数据包络分析由查恩斯（Charnes）、库珀（Cooper）和罗德斯

（Rhodes）于 1978 年提出，是一种非参数的效率评价方法，适用于多投入多产出情况下的相对效率分析。逼近理想解排序法由黄光柱（Hwang）和尹胜熙（Yoon）于 1981 年提出，是一种基于距离的多准则决策分析方法。主成分分析是一种降维技术，通过将原始数据转换为一组新的、不相关的变量（即主成分），并且按照方差大小排序，从而保留数据集的主要特征。

20 世纪 80 年代以后，随着模糊数学理论、灰色系统理论、信息论等诸多新的评价思想和理论不断地被引入到传统评价方法中，创新出许多新的评价方法和模型。例如，模糊数学思想和数据包络分析方法（DEA）相结合，产生了基于模糊数学的 DEA 模型；引入信息论中信息熵的概念，产生了熵权法。熵权法能够客观地反映出指标的信息含量，避免了人为赋权的主观性。兹迪斯瓦夫·帕瓦克（Zdzisław Pawlak）提出了粗糙集理论，通过定义上下近似集合来描述数据集中的不确定性，并从中提取规则，在分类、预测及评价等领域有重要应用。模仿生物神经系统工作原理，发展了人工神经网络模型，能够处理非线性关系，用来预测和评价。

2000 年以来，综合评价方法的组合运用成为评价领域中的一个重要研究方向，能够发挥不同评价方法的优势，扬长避短，提高评价的水平和精度，例如模糊层次分析法、主客观集成赋权法等。归结起来，评价方法的组合运用大致有以下两种方式：

（1）**衔接组合**，即在评价问题的不同阶段或不同步骤选用不同的评价方法进行处理。例如，针对某一评价问题，可以先采用主成分分析法或因子分析法进行指标变量降维，然后采用层次分析法对指标赋权，最后选用模糊综合评价法对评价指标进行综合，得出评价结果。

（2）**平行组合**，即选用不同的评价方法对同一评价问题进行独立评价，然后将不同的评价结果进行"折中"，得到新的评价结论。例如，对企业经济效益进行评价时，用主成分分析法和用灰色关联度分析法得到的排序结果可能是不同的，可以考虑采用等级相关理论中的 Spearman 系数来衡量不同评价方法的评价结果差异，并对各种评价方法的评价结果进行优化分析，求得一个相对满意的折中结果。

根据多指标综合评价方法理论，本研究构建两级四维全球电力发展综合评价指标体系，提出耦合层次分析法与熵权法的主客观集成赋权法，进行指标赋权与聚合，得到各国家、各区域的电力发展指数，实现全球尺度的电力发展综合评价。

2.3 全球电力发展指数评价模型

基于能源和可持续发展理论，以及经济、社会、环境可持续发展对电力发展提出的安全可靠、经济高效、绿色低碳、技术创新等方面的要求，研究提出构建涵盖供应保障、消费服务、技术创新、绿色低碳等**四维全球电力发展指数综合评价模型**，其中**供应保障**维度衡量一个国家电力发展基础设施水平和供应保障能力；**消费服务**维度衡量一个国家电力消费水平、服务质量和服务效率；**绿色低碳**维度衡量一个国家电力转型发展的水平和速度；**技术创新**维度衡量一个国家电力发展的潜力和动力。电力发展指数 4 维模型示意见图 2-2。

图 2-2 电力发展指数 4 维模型示意图

第二部分

电力发展指数体系及测算方法

3 电力发展指数指标体系构建原则

3.1 指标体系设计的基本原则

（一）全球电力发展指数内涵

全球电力发展指数定位为跟踪评价区域、国家层面电力发展绩效的综合性全球指数，涵盖电力生产、消费、配置各个环节，构建安全可靠、绿色低碳、经济高效及技术、政策和市场等多维度综合评价体系，致力于为决策者、投资者、电力行业从业人员及关注电力行业发展的人士提供参考。

（二）指标体系构建原则

注重系统、全面。构建全球电力发展指数，要满足未来全球能源电力发展对电力安全保供、绿色低碳、经济高效、技术创新等方面的新要求。指标体系构建和指标选取应突出电力发展在全球能源转型中的主导地位和引领作用，全景刻画、科学呈现全球不同国家和地区电力发展水平、发展特征和发展趋势。电力发展指数应力求涵盖电力生产、传输、配置、消费各环节关键指标，全面反映一个国家或地区电力行业的发展水平，指标体系应覆盖电力安全保供、绿色低碳、经济高效、技术创新等方面。

注重客观、公正。电力发展指数指标选取需统筹指标内涵和数据可获得性，指数测算应更多选取可量化、可比较的连续统计数据作为指标数据源，以定量分析为主、定性分析为辅，降低主观判断的影响；指标选择不考虑总量指标仅考虑人均指标，降低国家体量对评估结果的影响，确保指数计算结果的客观性。充分考虑不同国家发展现状、发展特点和数据可及性的差异，遵循公平公正的原则，建立平衡不同区位、不同发展阶段国家的指标体系。

注重普适、开放。指标测算过程中，对基础数据进行标准化处理，采用通用的指标赋权方法，确保评价方法适用于所有国家。充分考虑电力行业发展环境的复杂性，评价指标设计和权重选择应更加开放，根据本身的需求差异可灵活选择，以表征不同侧重点，测算和排序结果也相应变化，评价方法更易于被人理解和接受。

注重发展、包容。全球电力发展指数要充分体现各国电力发展水平和成长性，指数指标除了表征当前各国电力发展水平，还应体现各国近期电力发展成效，指标设计应兼顾现状指标和增速指标等；指数指标充分考虑各地区各国家经济文化和环境多样性，指标体系设计应更具包容性，对发展中国家至关重要。

3.2 两级四维综合指标体系

（一）评价指标体系构建方法

构建指标体系的第一步是确定指标体系结构。指标体系结构表示评价指标体系中所有指标之间的相互关系及层次结构。从指标体系结构类型看，可分为两类，一类称为"目标层次式"，另一类称为"因素分解式"。前者主要用于对现象进行水平评价，后者则主要用于对评价对象的因素分析。国内外关于评价指标体系的研究多采用三层结构评价体系，第一层为目标层，定义多指标综合评价过程的目标；第二层为准则层，定义评估和实现目标的具体标准或准则，与目标层直接相关；第三层为指标层，由各单项指标构成。

评价指标是构成指标体系的基础元素。在进行指标构造时，要从评价目标出发，将之表述为不同维度的评价内容与任务，并通过内容分解转化为操作性定义。结合所得操作性定义，进行指标构造，明确指标的概念、计算范围、计算方法、计量单位等，以完整、全面地反映评价对象的综合表现。单项评价指标的设计构造过程如图 3-1 所示。

在进行指标构造时，初始构造的评价指标中允许存在重复、难操作的指标，即"只求全而不求优"，以实现对评价目标和评价内容的全面覆盖。这一过程会造成指标体系中存在冗余指标，需要进一步对初选的指标体系完善优化，降低指标冗余度和计算复杂度，提高指标体系的协调性、必要性、齐备性。

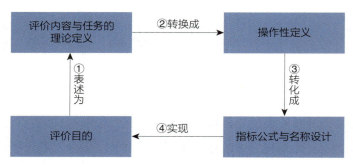

图 3-1   单项评价指标的设计构造过程

1. 协调性优化

协调性是指组成综合评价指标体系的所有指标在计算方法、计算范围上应协调一致而不能相互矛盾。若存在不一致的情况，则应修改相应指标直至协调。

2. 必要性优化

必要性是指构成综合评价指标体系的所有元素从全局出发是否都是必不可少的。通常以计算指标体系的辨识度和冗余度的方式，来反映指标的必要性。

其中，辨识度是指一个统计评价指标在区分各评价单位某一方面价值特征时的能力与效果。构成统计评价与决策指标体系的各分项指标的辨识度应尽量高，否则，若各评价对象的指标取值无明显差异，就无法判定各评价对象的优劣，无法做出科学的决策取舍。辨识度指标可以采用标志变异度指标公式来计算，例如用标准差、平均差或变异系数来衡量特定评价对象集合中某指标的差异程度。变异程度大，则说明该指标的区分度高。反之，说明指标的区分能力不强，可考虑删除该指标。

冗余度是指综合评价指标体系内的各分项评价指标在计算内容上的重复程度。同一指标体系内的各指标之间的重叠度应尽量低。如果在综合评价指标体系中存在严重的指标冗余现象，则无形中夸大了重叠部分指标的权重，从而使评价结果出现失真。冗余度可采用相关系数公式进行计算。通过计算评价指标体系中指标之间两两相关程度，得到相关系数矩阵。若两个或多个评价指标之间相关程度过高，则其他指标可视为冗余，应考虑删去这些冗余指标。

3. 齐备性优化

齐备性是指综合评价指标体系是否已全面、毫无遗漏地反映了评价目的与任务。评价指标体系的齐备性一般是通过定性分析进行判断，可以根据指标体系层次结构的最底层（指标层），检验每个准则下所包括的指标是否比较全面、完整。若存在遗漏，需要进一步扩充评价指标。

综合评价指标体系构建流程如图 3-2 所示。

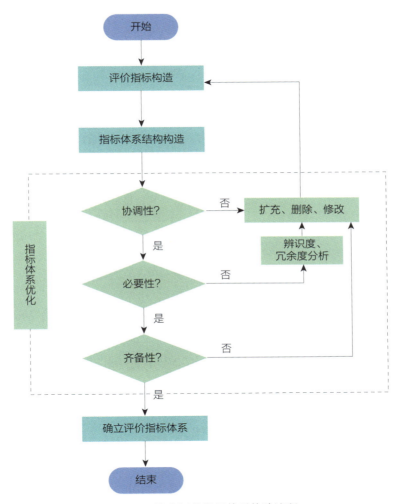

图 3-2　综合评价指标体系构建流程

（二）电力发展指数评价体系构建

为全面、准确、深入、客观表征各国电力发展水平，按照评价指标体系构建及优化方法，基于电力供应保障、消费服务、技术创新、绿色低碳四个维度的评估范围和相关技术经济指标，构建了全球电力发展指数两级四维评价指标体系，明确了电力发展综合指数、专项指数、各评价指标的释义和测算方法。全球电力发展指数两级体系示意见图3-3。

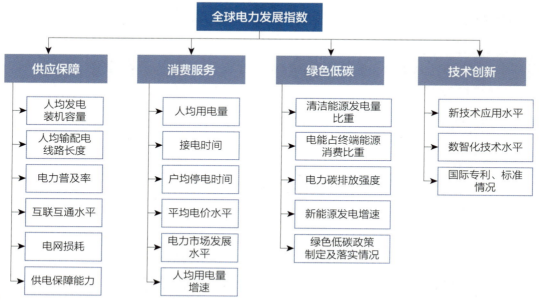

图3-3 全球电力发展指数两级体系示意图

供应保障专项指数，衡量一个国家电力生产供应基础能力是否能够满足经济社会发展需要，满足安全可靠、经济高效的要求。共选择6个二级指标从不同方向衡量一个国家的电力供应保障能力。其中，人均发电装机容量、人均输配电线路长度分别衡量一个国家电力生产能力和电网配置能力；电力普及率表征电力可及性；互联互通水平体现不同分区电网互联密切程度；电网损耗体现输配电网运行效率；供电保障能力反映一个国家电力生产和供应能力是否能够满足经济社会发展需要。供应保障二级指标意义与算法见表3-1。

表3-1 供应保障二级指标意义与算法

一级指标	二级指标	表征意义	计算方法
供应保障	人均发电装机容量	电力生产能力	总装机容量／总人口
	人均输配电网线路长度	电网配置能力	输配电线路总长度／总人口
	电力普及率	电力可及性	1－无电人口／总人口，衡量电力供应覆盖水平
	互联互通水平	电力互供互援能力	根据跨区电力交换能力，电网结构定性与定量相结合赋分

一级指标	二级指标	表征意义	计算方法
供应保障	电网损耗	电网配置效率	输配电网损耗 / 供电量，衡量电网配置效率
	供电保障能力	电力供应是否能够满足经济社会需要	综合有效装机容量 / 最大负荷 −1（备用率）、大规模停 / 限电次数及范围

消费服务专项指数，衡量一个国家电力消费水平和潜力，以及电力系统能否为用户提供优质、经济、高效的供电服务。共选取 6 个二级指标，从不同方向衡量一个国家的电力消费服务水平。其中，人均用电量衡量一个国家的电力消费水平；接电时间，反映一个国家为客户提供办电服务的效率；户均停电时间，体现消费服务的可靠性；平均电价水平，反映电力服务的可负担水平；电力市场发展水平，反映电力市场化程度和建设发展进度；人均用电量增速，反映一个国家电力消费发展潜力。消费服务二级指标意义与算法见表 3-2。

表 3-2　　　　　　　　　消费服务二级指标意义与算法

一级指标	二级指标	表征意义	计算方法
消费服务	人均用电量	电力消费水平	总用电量 / 总人口
	接电时间	电力服务效率	平均接电时间
	户均停电时间	供电可靠性	停电总时长 / 总户数
	平均电价水平	电力可负担水平	工商业、居民等加权平均电价 / 人均可支配收入
	电力市场发展水平	电力市场建设发展进度	综合市场化交易电量占比和电力市场建设进度
	人均用电量增速	电力消费发展潜力	过去 5 年人均用电量年均增速

绿色低碳专项指数，衡量一个国家电力转型发展效果与潜力。共选取 5 个二级指标，对电力绿色低碳发展水平和发展潜力进行评估。其中，清洁能源发电量比重衡量一个国家电力生产清洁化水平；电能占终端能源消费比重，体现一个国家电气化水平；电力碳排放强度，体现一个国家电力消费低碳化水平；新能源发电量增速，体现一个国家

在电力绿色低碳转型方面所做的努力和成效；绿色低碳政策制定及落实情况，体现国家层面对电力绿色低碳转型的决心，以及提供的支持和保障。绿色低碳二级指标意义与算法见表3-3。

表3-3　　　　　　　　　　绿色低碳二级指标意义与算法

一级指标	二级指标	表征意义	计算方法
绿色低碳	清洁能源发电量比重	生产清洁化	清洁能源发电量 / 发电总量
	电能占终端能源消费比重	电气化水平	电能 / 终端用能
	电力碳排放强度	消费低碳化	电力碳排放总量 / 总用电量
	新能源发电量增速	绿色转型和新能源开发利用速度	过去5年新能源发电量增速
	绿色低碳政策制定及落实情况	政策保障	根据绿色低碳政策制定情况、执行情况和执行力度进行定性与定量相结合赋分

技术创新专项指数，衡量一个国家在电力发展领域的技术创新水平。共选择3个二级指标，分别为新技术应用水平、数智化装备水平以及国际专利、标准等创新成果情况。其中新技术应用水平，根据一个国家电力系统各环节对新技术的应用进行赋分，例如一个国家输电网选择了更高的电压等级，投入了新的储能设备等；数智化技术水平衡量一个国家对数字化、智能化新技术的应用水平，衡量方法是已开展数智化业务量在总业务量中的占比；国际专利、标准情况统计一个国家在水平年内参与编制的国际专利和国际标准情况。技术创新二级指标意义与算法见表3-4。

表3-4　　　　　　　　　　技术创新二级指标意义与算法

一级指标	二级指标	表征意义	计算方法
技术创新	新技术应用水平	新技术应用	根据一个国家电力系统各环节对新技术的应用情况进行定性与定量相结合赋分
	数智化技术水平	数智化水平	已开展数智化业务量 / 可数智化业务总量
	国际专利、标准情况	创新成果	根据电力相关国际专利、国际标准颁布情况进行定性与定量相结合赋分

4　全球电力发展指数测算方法

4.1　指数测算流程

开展全球电力发展指数测算及分析，是一项既复杂又系统的工程，涉及多个关键环节。需要精心构建指标体系、严格筛选数据、科学分配权重、精准计算得分，并进行全球范围内的评估和比较。全球电力发展指数测算流程示意见图 4-1。

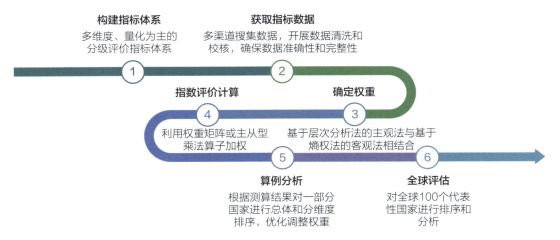

图 4-1　全球电力发展指数测算流程示意图

首先，构建全面、客观、科学的指标体系是基础和关键。指标体系需覆盖电力生产、消费、服务、政策、市场等多个环节，以及安全、经济、环保等多个维度，从而全面客观反映各国电力发展水平。

第二步，准确获取各国相关指标数据并进行严格的整理与筛选，是确保测算结果客观性和可比性的关键步骤。数据需要进行广泛搜集、细致筛查、勘误校核，确保测算结果的准确性和可靠性。

第三步，对各项指标进行科学的权重分配，以反映它们在电力发展中的相对重要性。这一过程需要深入研究和专家咨询，确保权重设置合理、公正。

完成基础数据搜集和权重设置后，选取一部分代表性国家进行指数计算，将各国的指标数据进行标准化，并与权重相结合，通过科学计算得出各国的电力发展指数得分。根据代表性国家电力发展指数测算结果优化调整指标权重设置。权重设置需开展敏感性分析，通过评估不同权重设置对测算结果的影响程度，更好地理解指数的变化趋势和不确定性，为决策提供更加全面的参考。

最后，进行全球范围的电力发展指数测算分析，全面评估各国电力发展水平。通过对比分析各区域各国电力发展指数综合得分和各项指标得分，梳理全球各区域电力发展整体趋势和国家间差异，研判全球各区域各国家电力发展现状和未来趋势。

4.2　数据搜集与处理

指标测算所需基础数据的搜集、清洗和汇总是确保指数准确性的关键。研究中采用了线上线下相结合的方式进行数据搜集。对于人均用电量、人均发电装机容量、电网损耗率、人均输配电线路长度、电能占终端能源比重、接电时间、电力普及率、户均停电时间、清洁能源发电量比重、电力碳排放强度、人均用电量增速、新能源发电量增速、平均电价等 13 个定量指标，全球能源互联网发展合作组织主要采用线上公开搜集的方式，从各国统计局、能源电力部门官方网站披露的公开数据，以及联合国、世界银行、国际能源署等国际组织公开发布的数据进行汇集整理。

供电保障能力、互联互通水平、国际专利和标准情况等 3 个无法直接获取的定量指标，采用线上线下调研的方式搜集基础数据，并对指标进行综合测算。供电保障能力评估，搜集各国有效装机容量、最大负荷、大规模停限电次数、规模及范围；互联互通水平评估，调研搜集各国电网网架结构，明确跨区电力交换能力；国际专利和标准情况评估，从国际专利数据库调研搜集各国电力行业相关国际专利，从 IEEE、CIGRE、IEC 等电力相关国际组织搜集各国参编国际标准的情况。

电力市场发展水平、新技术应用水平、数智化技术应用水平、绿色低碳政策制定及落实情况等 4 个定性指标由专家根据各国实际情况进行打分。电力市场发展水平根据市场化交易电量占比和电力市场建设进度进行综合打分，例如各国现货市场建设进度、辅助服务市场建设进度等；新技术应用水平，根据各国电力系统源网荷储各环节新技术应用情况进行综合打分，例如输电网首次采用更高电压等级或者柔性直流输电等新的输电技术，配电网首次应用虚拟电厂技术，发电侧首次并网海上风电等；数智化技术应用水平根据各国已开展的数智化业务情况进行综合打分，如电力信息化调度交易平台、智能电表应用等；绿色低碳政策制定及落实情况，根据各国颁布的绿色低碳政策、政策目标力度和执行情况进行综合打分。

4.3　数据标准化

（一）数据标准化常用方法

数据标准化（无量纲化）处理主要用于消除不同量纲之间的不可比性，使得不同单位或量级的指标可以在同一基准下进行比较和分析。当前，应用较为广泛的数据标准化方法有最大最小规范化法、Z-Score 标准化法、对数变换法、分位法等。

最大最小规范化法将原始数据按照下式进行转换：

$$Y^{\text{new}} = \frac{Y^{\text{old}} - \min(Y^{\text{old}})}{\max(Y^{\text{old}}) - \min(Y^{\text{old}})}$$

式中：$\min(Y^{\text{old}})$、$\max(Y^{\text{old}})$ 分别为数据集中的最小值、最大值。转换后的指标数据 Y^{new} 取值位于 [0,1] 区间。

Z-Score 标准化法也称为标准正态分布变换，适用于数据符合正态分布的情况。计算公式如下：

$$Y^{\text{new}} = \frac{Y^{\text{old}} - \mu}{\sigma}$$

式中：μ、σ 分别为指标数据的平均值和标准差。

对数变换法适用于当数据存在极端值时，通过采用对数变换来降低数据的偏斜程度。计算公式如下：

$$Y^{new} = \log(Y^{old} + c)$$

式中：c 为一个较小的常数，用来防止 Y^{old} 为零或负数时发生错误。

分位法将数据映射到分位数的位置来实现标准化。该方法不依赖于数据的具体数值，而是基于数据在其分布中的位置（即分位数），将数据转换为均匀分布，从而消除数据的分布差异。该方法适用于需要消除数据分布差异、保持数据相对顺序和在多数据集之间进行比较的场合。

（二）电力发展指数基础数据标准化

不同国家电力发展相关各指标原始数据差异巨大，以人均用电量为例，2022 年冰岛最高，人均用电量为 5.5 万千瓦时/年，第二为挪威，人均用电量为 2.3 万千瓦时/年，而全球平均水平仅为 3324 千瓦时/年，非洲大部分国家低于 1000 千瓦时/年，如简单采用归一化处理，会影响测算结果的合理性和公平性。

因此，电力发展指数采用五分位法对所有指标原始数据进行标准化处理。数据开展标准化时，按照排名赋分，共分为 5 档，排名前 20% 为 A 档，排名前 40%～20% 为 B 档，排名前 60%～40% 为 C 档，排名前 80%～60% 为 D 档，排名最后 20% 为 E 档。五分位法示意见图 4-2。

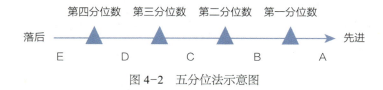

图 4-2　五分位法示意图

以年人均用电水平为例，100 个国家中，用电水平超过 6960 千瓦时为 A 档，用电水平在 4440～6960 千瓦时为 B 档，2320～4440 千瓦时为 C 档，860～2320 千瓦时为 D 档，860 千瓦时以下为 E 档。

以人均用电装机容量水平为例，100 个国家中，人均装机容量超过 2.36 千瓦为 A 档，1.55～2.36 千瓦为 B 档，0.8～1.55 千瓦为 C 档，0.23～0.8 千瓦为 D 档，0.23 千瓦以下为 E 档。

4.4 权 重 设 计

（一）权重设计常用方法

权重设计对最终各国电力发展指数测算和排序结果有着至关重要的影响，指标权重的高低表示指标对于指数最终测算结果的影响程度。常见的指标赋权方法包括主观赋权法、客观赋权法、混合赋权法。

1. 主观赋权法

主观赋权法是指采取定性的方式，由专业人士通过打分、评分等手段，依靠个人主观经验对不同指标进行赋权的一类方法。主要有层次分析法、德尔菲法、模糊综合评价法等。

层次分析法是美国运筹学家萨蒂于 20 世纪 70 年代初，为美国国防部研究"根据各个工业部门对国家福利的贡献大小而进行电力分配"课题时，应用网络系统理论和多目标综合评价方法，提出的一种层次权重决策分析方法。该方法将决策问题按总目标、各层子目标、评价准则、备选方案的顺序分解为不同的层次结构，然后用求解判断矩阵特征向量的办法，求得每一层次的各元素相对于上一层次元素的优先权重，并采用加权递归求和的方式得到各备选方案对总目标的最终权重。层次分析法比较适合于具有多层次评价指标的目标系统，并且评价目标又难以定量描述的决策问题。

层次分析法的一般步骤包括：

（1）明确决策目标，确定需要评估的准则和子准则。

（2）建立层次结构：将目标、准则和子准则构成一个层次结构，其中目标位于最顶层，准则和子准则逐层展开，直至最底层。

（3）对每个准则和子准则进行两两比较，得出权重：对于每个准则和子准则，根据它们对上一级准则或目标的相对重要性进行两两比较，生成判断矩阵，并计算出每个准则和子准则相对于上一级准则或目标的权重。

（4）计算一致性比率：在计算权重时，需要验证判断矩阵的一致性。通过计算一致性指标和随机一致性指标，得出一致性比率，进而判断权重结果是否可行。若一致性比率不达标，则调整判断矩阵，直至达标。

（5）综合评价：根据各个准则和子准则的权重，可以得出每个方案的综合评价值。

德尔菲法，也称专家调查法，1946 年由美国兰德公司创始实行，其本质上是一种反馈匿名函询法，其大致流程是在对所要分析的问题征得专家的意见之后，进行整理、归纳、统计，再匿名反馈给各专家，再次征求意见，再集中，再反馈，直至得到一致的意见。德尔菲法在实施过程中，专家之间不能互相讨论，不发生横向联系，只能与调查人员发生关系，通过多轮次调查专家对问卷所提问题的看法，经过反复征询、归纳、修改，最后汇总成专家基本一致的看法，作为问题的结果。与层次分析法相比，德尔菲法可以避免专家之间的相互影响，具有广泛的代表性，较为可靠，但其缺点是需要多次迭代，花费时间较长。

模糊综合评价法是一种基于模糊数学的综合评价方法。该方法根据模糊数学的隶属度理论把定性评价转化为定量评价，具有结果清晰，系统性强的特点，能较好地解决模糊的、难以量化的问题，适合各种非确定性问题的解决。

模糊综合评价法的一般步骤包括：

（1）建立综合评价的因素集。因素集是以影响评价对象的各种因素为元素所组成的一个普通集合，通常用 U 表示，$U = \{u_1, \cdots, u_i, \cdots, u_n\}$，其中元素 u_i 代表影响评价对象的第 i 个因素。这些因素通常都具有不同程度的模糊性。

（2）建立综合评价的评价集。评价集是评价者对评价对象可能做出的各种结果所组成的集合，通常用 V 表示，$V = \{v_1, \cdots, v_j, \cdots, v_m\}$，其中元素 v_j 代表第 j 种评价结果，可以根据实际情况的需要，用不同的等级、评语或数字来表示。

（3）确定各因素的权重。给各因素 u_i 一个权重 a_i，并用 A 表示各因素的权重集合的模糊集：$A = \{a_1, \cdots, a_2, \cdots, a_n\}$。

（4）进行单因素模糊评价，获得评价矩阵。若因素集 U 中第 i 个元素对评价集 V 中第 j 个元素的隶属度表示为 r_{ij}，则对第 i 个元素单因素评价的结果用模糊集合表示为：$R_i = \{r_{i1}, \cdots, r_{ij}, \cdots, r_{im}\}$。以 m 个单因素评价集 R_1、R_2、$\cdots$、R_n 为行组成矩阵 $R_{n \times m}$，称为模糊综合评价矩阵。隶属度 r_{ij} 通过选择合适的隶属度函数计算得到。

（5）建立综合评价模型。确定单因素评判矩阵 R 和因素权向量 A 之后，通过模糊变化将 U 上的模糊向量 A 变为 V 上的模糊向量 B，即 $B = A_{1n} \times R_{nm} = \{b_1, \cdots, b_j, \cdots, b_m\}$。

确定系统总得分。综合评价模型确定后，确定系统得分，即 $F = B_{1m} \times S_{1m}^{\mathrm{T}}$，式中

F 为系统总得分，S 为 V 中相应因素的级分。

2. 客观赋权法

客观赋权法依据指标历史数据，研究指标之间的相关关系或指标与评估结果的影响关系来综合评价。主要有熵权法、相关系数法、主成分分析法等。

熵权法根据各指标数值变化对整体的影响，计算指标的熵值，进而确定权重。根据香农信息论基本原理，信息是系统有序程度的一个度量，熵是系统无序程度的一个度量。按照信息熵的定义，对于某一指标，可以用熵值来判断该指标的离散程度，其信息熵值越小，指标的离散程度越大，该指标对综合评价的影响（即权重）就越大。若某项指标的值全部相等，则该指标在综合评价中不起作用。因此，可利用信息熵这个工具，计算出各个指标的权重，为多指标综合评价提供依据。

熵权法的一般步骤包括：

（1）数据标准化处理。对原始数据组进行标准化处理，消除量纲差异，把各指标数值映射在 [0,1] 区间。标准化处理后的决策矩阵用 $X_{I \times J} = (x_{ij})_{I \times J}$ 表示，式中 i、j 分别为评价对象编号、评价指标编号；I、J 分别为评价对象个数、评价指标个数；x_{ij} 为评价对象 i 第 j 个指标标准化处理后的数值。

（2）计算指标比重，如下式所示：

$$P_{ij} = x_{ij} / \sum_{i=1}^{I} x_{ij}$$

式中：P_{ij} 为评价对象 i 第 j 个指标比重。

（3）计算各指标熵值 e_j，如下式所示：

$$e_j = -\frac{1}{\ln I} \sum_{i=1}^{I} P_{ij} \cdot \ln P_{ij}$$

（4）计算各指标变异系数 d_j，如下式所示：

$$d_j = 1 - e_j$$

（5）计算熵权 w_j，即为指标权重，如下式所示：

$$w_j = \frac{d_j}{\sum_{j=1}^{J} d_j}$$

相关系数法基于指标之间相关性来分配权重，目的是更好地反映各指标对总体评价结果的影响程度。相关系数法的核心思想是，若某个指标与综合评价结果的相关性越高，则该指标的权重就应当越大。相关系数法中衡量两个变量之间相关性的指标有皮尔逊相关系数、斯皮尔曼等级相关系数等。

相关系数法的一般步骤包括：

（1）数据标准化处理。经过处理后的决策矩阵用 $X_{I \times J} = (x_{ij})_{I \times J}$ 表示。

（2）计算矩阵 X 的相关系数矩阵，表示为 $R = (r_{j_1 j_2})_{J \times J}$，其中 $r_{j_1 j_2}$ 表示评价指标 j_1 与评价指标 j_2 之间的相关系数。

（3）基于所得相关系数矩阵 R，计算指标 j 与其他指标的相关程度的均值 τ_j，公式如下：

$$\tau_j = \frac{\sum_{p \neq j}^{J} r_{pj}}{J - 1}$$

将 τ_j 做逆向化处理，公式如下：

$$\alpha_j = \frac{\max_{1 \leqslant j \leqslant J} \tau_j}{\tau_j}$$

（4）计算指标权重 w_j，表示如下：

$$w_j = \frac{\alpha_j}{\sum_{j=1}^{J} \alpha_j}$$

主成分分析法是一种常用的多元统计分析方法，常用于数据降维和特征提取，其原理是将高维数据映射到较低维度的空间中，同时尽可能多地保留原始数据中的信息。应用于多指标综合评价时，主成分分析法通过数据降维，将多维数据转换为少数几个主成分，这些主成分包含了原始数据的大部分信息。这种方法不仅能够简化数据处理过程，还能提高后续分析的效率和准确性。

主成分分析法的一般步骤包括：

（1）数据标准化处理。

（2）计算协方差矩阵。对标准化后的决策矩阵，计算其协方差矩阵。

（3）求解特征值和特征向量。对协方差矩阵进行特征分解，求解特征值及其对应的特征向量。特征值的大小表示了对应主成分所承载的信息量。

（4）选择主成分。选择特征值较大的前几个特征向量作为主成分。一般通过累积贡献率来确定需要保留的主成分数量，通常情况下选择累积贡献率达到80%以上的主成分。

数据投影。将原始数据投影到选定的主成分上，形成新的低维数据集。这些新的变量（即主成分）将是用于后续综合评价的指标，各个主成分特征值在全体主成分特征值中的占比即为各主成分的权重。

3. 混合赋权法

混合赋权法通过一定的规则将不同赋权方法耦合起来，合成最终的权重，使得权重结果兼具不同赋权方法的优点。常用的混合赋权法主要有主客观组合赋权法。

主客观组合赋权法通过线性加权、几何平均等方式，将主观方法和客观方法得到的两种权重耦合起来，合成最终的权重。其优点是兼顾了主观赋权法和客观赋权法的优势，缺点是需要确定主观权重和客观权重的结合比例。

线性加权法将主观权重和客观权重按一定的比例线性叠加，形成最终的权重，如下式所示：

$$w_j = \beta w_j^{obj} + (1 - \beta) w_j^{sbj}$$

式中：w_j^{obj}、w_j^{sbj} 分别为客观权重、主观权重；β 为客观权重所占的比例 $0 \leqslant \beta \leqslant 1$。

几何平均法通过计算主观权重和客观权重的几何平均值来确定最终权重，如下式所示：

$$w_j = \sqrt{w_j^{obj} w_j^{sbj}}$$

（二）电力发展指数评价体系权重设计

电力发展指数评价体系研究采用主观与客观相结合的混合赋权法对全球电力发展指数两级指标模型中一级指标（各专项电力发展指数）和二级指标权重进行了综合计算。

主客观赋权法首先采用层次分析法计算得到各指标的主观权重，再应用熵权法计算得到各指标的客观权重，最后将主观权重与客观权重进行加权耦合得到最终的指标权重，如图 4-3 所示。

1. 主观权重计算方法

第一步，构建指标体系的递阶层次结构。基于所构建的评价指标体系，将评价目的视为目标层、一级指标视为准则层、二级指标视为方案层，形成递阶层次结构。

第二步，构造判断矩阵。对于同一层次指标，采用 1～9 标度进行两两比较，确定指标间的相对重要程度，得到判断矩阵 A，表示如下：

$$A = (a_{m_1, m_2})_{M \times M} \tag{4-1}$$

式中：a_{m_1, m_2} 表示在同一个父指标下，子指标 m_1 相对于子指标 m_2 的重要程度；M 为指标个数。

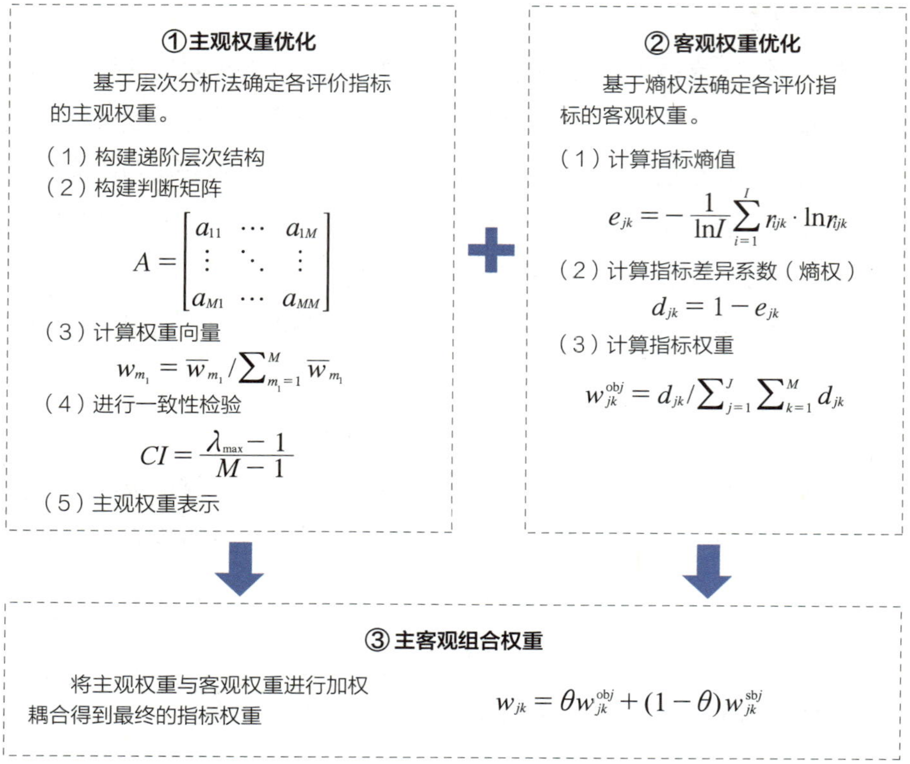

① **主观权重优化**

基于层次分析法确定各评价指标的主观权重。

（1）构建递阶层次结构

（2）构建判断矩阵

$$A = \begin{bmatrix} a_{11} & \cdots & a_{1M} \\ \vdots & \ddots & \vdots \\ a_{M1} & \cdots & a_{MM} \end{bmatrix}$$

（3）计算权重向量

$$w_{m_1} = \overline{w}_{m_1} / \sum_{m_1=1}^{M} \overline{w}_{m_1}$$

（4）进行一致性检验

$$CI = \frac{\lambda_{\max} - 1}{M - 1}$$

（5）主观权重表示

② **客观权重优化**

基于熵权法确定各评价指标的客观权重。

（1）计算指标熵值

$$e_{jk} = -\frac{1}{\ln I} \sum_{i=1}^{I} r_{jk} \cdot \ln r_{ijk}$$

（2）计算指标差异系数（熵权）

$$d_{jk} = 1 - e_{jk}$$

（3）计算指标权重

$$w_{jk}^{obj} = d_{jk} / \sum_{j=1}^{J} \sum_{k=1}^{M} d_{jk}$$

③ **主客观组合权重**

将主观权重与客观权重进行加权耦合得到最终的指标权重

$$w_{jk} = \theta w_{jk}^{obj} + (1 - \theta) w_{jk}^{sbj}$$

图 4-3　权重设计方法

第三步，指标权重计算。各个指标的权重计算方式如下：

$$\begin{cases} Q_{m_1} = \prod_{m_2=1}^{M} a_{m_1, m_2} \\ \overline{w}_{m_1} = \sqrt[M]{Q_{m_1}} \\ w_{m_1} = \overline{w}_{m_1} / \sum_{m_1=1}^{M} \overline{w}_{m_1} \end{cases} \tag{4-2}$$

式中：Q_{m_1} 为矩阵 A 中第 m_1 行元素的乘积；$\overline{w}_{m_1}$ 为 Q_{m_1} 的 $1/M$ 次方；w_{m_1} 为指标 m_1 的权重。

指标权重向量 W 可表示为：

$$W^{T} = [w_1 \cdots w_{m_1} \cdots w_M]$$

第四步，对判断矩阵进行一致性检验。

首先，计算判断矩阵 A 的最大特征根 $\lambda_{\max}$，如下式所示：

$$\lambda_{\max} = \sum_{m_1=1}^{M} \frac{(A \cdot W)_{m_1}}{M w_{m_1}} \tag{4-3}$$

式中：$(A \cdot W)_{m_1}$ 表示 A、W 矩阵相乘后得到新矩阵的第 m_1 个元素。

其次，计算判断矩阵的一致性指标 CI 及随机一致性比率 CR，计算公式如下：

$$\begin{cases} CI = \dfrac{\lambda_{\max} - 1}{M - 1} \\ CR = CI/RI \end{cases}$$（4-4）

式中：RI 为平均随机一致性指标，通过查表获取。

当随机一致性比率 CR < 0.10 时，则认为满足一致性要求；若 CR > 0.10，则需要调整判断矩阵，直至满意为止。

最后，主观权重表示。重复第一到四步，得到准则层及方案层的各指标权重，通过加权相乘，得到二级指标的主观权重，表示如下：

$$w_{jk}^{sbj} = w_j^{PR} \times w_{jk}$$（4-5）

式中：w_{jk}^{sbj} 为二级指标 j 所含三级指标 k 的主观权重最终值；w_j^{PR} 为二级指标 j 的主观权重；w_{jk} 为二级指标 j 下三级指标 k 的主观权重过程值。

2. 客观权重计算方法

将预处理后的样本数据矩阵 $X = (x'_{ijk})_{I \times J \times M}$ 进行比重化变换，得到数据矩阵 $R = (r_{ijk})_{I \times J \times M}$，其中：$I$、$J$、$M$ 分别为评价对象个数、一级指标个数、二级指标个数。比重变换方式如下：

$$r_{ijk} = x'_{ijk} / \sum_{i=1}^{I} x'_{ijk}$$（4-6）

计算各指标熵值 e_{jk} 为：

$$e_{jk} = -\frac{1}{\ln I} \sum_{i=1}^{I} r_{ijk} \cdot \ln r_{ijk}$$（4-7）

计算差异系数 d_{jk} 为：

$$d_{jk} = 1 - e_{jk}$$（4-8）

对 d_{jk} 进行归一化，得到三级指标 k 的客观权重 w_{jk}^{obj} 为：

$$w_{jk}^{obj} = d_{jk} / \sum_{j=1}^{J} \sum_{k=1}^{M} d_{jk}$$（4-9）

3. 二级指标主客观组合权重计算

将计算得到的主观权重和客观权重组合计算，得到最终的组合权重，如下式所示：

$$w_{jk} = \theta w_{jk}^{obj} + (1 - \theta) w_{jk}^{sbj}$$（4-10）

式中：w_{jk} 为二级指标 j 的最终权重值；θ 为客观系数，取 0.5。

4. 一级指标（专项指数）权重计算

一级指标权重由所含二级指标的权重求和得到，公式如下：

$$w_j = \sum_{k \in \mathcal{L}_j} w_{jk} \tag{4-11}$$

式中：$\mathcal{L}_j$ 为一级指标 j 包含二级指标的集合。

基于权重计算结果，选取一部分国家开展电力发展综合指数初步测算及排序，并根据排序结果对权重设计进行优化调整。

本研究旨在提供一种对电力发展水平进行综合评估的工具，权重选择可以是开放性的。实际应用可按照主观偏好和需求对各级指标进行权重设置，表征不同侧重点，测算和排序结果也相应变化。

第三部分

电力发展指数实证分析与应用

5　全球电力发展综合指数分析

对全球和各大洲电力发展综合指数、各专项指标及二级指标进行测算和横向对标，从电力行业整体发展水平，以及供应保障、消费服务、绿色低碳和技术创新各维度对各大洲电力发展特点、优势与劣势进行分析。

5.1　全球电力发展指数总体分析

（一）国别选择

首次开展全球电力发展指数研究，对全球 190 多个国家和地区进行电力发展指数评估难度较大，许多国家难以获得及时的电力发展数据，综合考虑选取 100 个国家进行电力发展指数测算及排序。为能够代表全球及各区域电力发展整体情况，国别选择时各大洲均需选取一定数量的国家，所选国家电力需求总和应不低于全球电力总需求的 95%，各大洲所选国别电力需求总和不低于该洲电力总需求的 90%。

亚洲选择中国、日本、韩国、蒙古等 34 个国家，所选择国家 2022 年用电量占亚洲总用电量 97.2%，装机占 97.4%，剔除国家为电力发展体量较小或数据难以获得的国家。

欧洲选择英国、德国、挪威、瑞典等 30 个国家，所选国家 2022 年用电量占整个欧洲用电量的 98.3%，装机占 98.4%。

非洲选择南非、埃及、阿尔及利亚、摩洛哥等 17 个国家，所选国家 2022 年用电量占整个非洲用电量的 90.3%，装机占 90.0%。

中南美洲（南美洲及加勒比地区）选择巴西、智利、阿根廷、多米尼加共和国等

14 个国家，所选择国家 2022 年用电量占整个中南洲用电量的 94.1%，装机占 93.4%。

北美洲共加拿大、美国、墨西哥 3 个国家，全部选择。

大洋洲选择澳大利亚、新西兰两个国家，所选国家 2022 年用电量占整个大洋洲用电量的 91.7%，装机占 97%。

全球电力发展指数测算国别选择示意见图 5-1。参与全球电力发展指数评价的国别列表见附表 1。

（二）分析结果

根据各大洲电力发展综合指数和不同维度电力发展专项指数测算结果，全球电力发展综合指数约为 73.9，电力发展具有较好基础，有力支撑了全球经济稳步复苏。

分维度看，各维度发展较为均衡，供应保障、技术创新指数均超过平均值。近年来俄乌冲突长期化、复杂化对全球能源体系和能源安全造成了巨大影响，电力价格大幅波动，但总体上满足了全球电力需求。同时各国加大了新能源对传统能源替代，加快了海上风电、电制氢氨醇技术研发投入。消费服务、绿色低碳指数略低于平均值，主要受全球平均供电价格上升，煤电等传统电源退出进程放缓等因素影响。

分区域看，欧洲、北美洲综合指数大幅超过平均值，欧洲电力发展综合得分最高，各维度发展较为均衡，技术创新和供应保障维度上领先全球其他地区。其次为亚洲、中南美洲和大洋洲。非洲各维度发展水平均相对落后。总体上，全球电力发展指数区域特征与经济发展水平和发展阶段高度相关。

全球及各大洲分维度指标测算结果对比见表 5-1，各大洲不同维度电力发展情况对比示意见图 5-2。

表 5-1　　　　全球及各大洲分维度指标测算结果对比

指标	全球	亚洲	欧洲	北美洲	中南美洲	非洲	大洋洲
供应保障	75.2	77.5	92.5	92.9	69.5	54.1	73.8
消费服务	77.3	83.1	79.2	87.9	74.2	55.8	60.6
绿色低碳	69.0	69.6	76.5	71.8	86.0	54.8	81.5
技术创新	68.6	70.6	83.8	81.1	54.8	54.0	73.7
综合指数	73.9	76.9	84.4	86.0	72.7	54.7	71.4

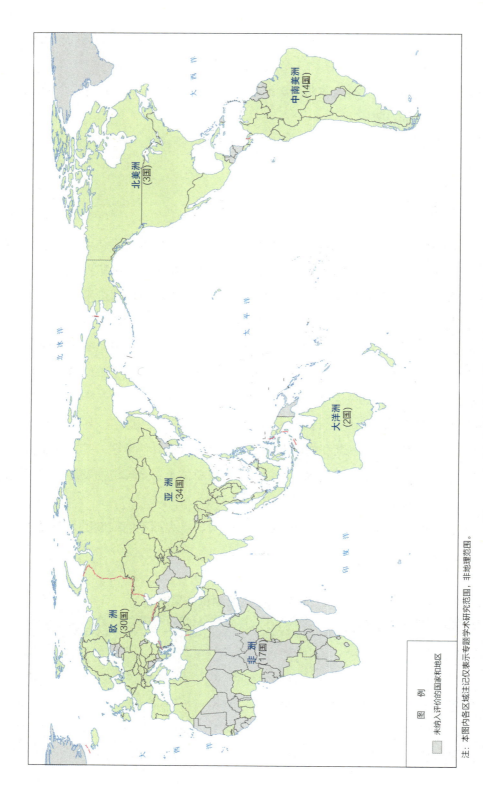

图5-1 全球电力发展指数测算国别选择示意图

注：本图内各区域注记仅表示专题学术研究范围，非地理范围。

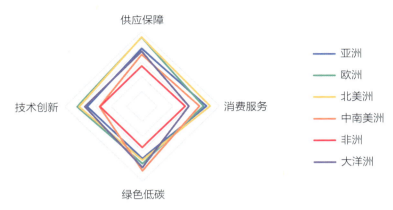

图 5-2　各大洲不同维度电力发展情况对比示意图

5.2　供应保障专项指数分析

各大洲电力供应保障维度二级指标测算结果对比见表 5-2。

表 5-2　　　各大洲电力供应保障维度二级指标测算结果对比

指标	全球	亚洲	欧洲	北美洲	中南美洲	非洲	大洋洲
人均装机容量（千瓦）	1.02	0.91	2.04	2.87	0.80	0.17	2.50
电力普及率	90.5%	98.8%	100%	100%	98.3%	54.8%	81.4%
电网损耗	7.65%	6.98%	8.31%	5.51%	17.24%	16.94%	4.81%
人均电网长度（米）	7.7	4.7	21.5	29.2	9.2	2.7	29.1
供电保障能力	3	3	4	3.5	3.5	1	3
互联互通水平	2	2	5	1.5	2	2.5	0
供应保障专项指数	75.2	77.5	92.5	92.9	69.5	54.1	73.8

全球电力供应保障专项指数为 75.2，其中北美洲电力供应保障专项指数得分最高，非洲得分最低。人均装机容量方面，全球平均水平 1.02 千瓦，其中北美洲最高，人均装机容量 2.87 千瓦，非洲最低，仅 0.17 千瓦。电力普及率方面，全球平均水平约

90.5%，其中欧洲、北美洲电力普及率达到 100%，非洲电力普及率仅 54.8%，仍有 6 亿左右无电人口；输配电网损耗方面，全球平均水平约 7.65%，其中中南美洲、非洲最高，约为 17.24%，主要原因是存在大量私接电力，未计入电力销售总量，导致线损率畸高，最低为大洋洲，仅 4.81%，得益于电力负荷分布在主要的几个大城市，电源距离负荷位置较近。人均输配电线路长度方面，全球平均水平约 7.7 米，北美洲和大洋洲最高，接近 30 米，主要原因是国土面积大且配电网建设较为发达；亚洲、非洲和中南美洲人均输配电线路长度较短，均在 10 米以下。

供电保障能力方面，欧洲得分最高，主要原因是电力基础设施完备，负荷增长速度相对缓慢，2022 年夏季极端高温天气下也未发生大规模停限电事故，电力供应保障水平整体较好；非洲得分最低，撒哈拉以南非洲许多国家电力基础设施落后，电力发展无法满足经济社会需要，尼日利亚、南非、津巴布韦等国均出现了较大规模停限电事故，高峰期部分地区日停电时间高达 6~12 小时，电力供应保障能力差。互联互通方面，欧洲得分最高，在欧盟和欧洲互联电网（ENTSO-E）的努力下，整个欧洲基本建成了跨国交流互联电网，跨国跨区电力交换水平全球领先；其次为北美洲和中南美洲，在区域电力市场引导下，建成了大范围跨区跨国互联交流电网，电网间联系较为紧密；得分最低为非洲，许多国家内部电网覆盖率较低，跨区跨国电力互联规模较小，仅部分国家如南非、埃及电力互联互通程度较高。

5.3　消费服务专项指数分析

各大洲电力消费服务维度二级指标测算结果对比见表 5-3。

表 5-3　　各大洲电力消费服务维度二级指标测算结果对比

指标	全球	亚洲	欧洲	北美洲	中南美洲	非洲	大洋洲
人均用电量（千瓦时/年）	3324	3190	5481	9920	2201	528	6844
户均停电时间（分钟）	1400	587	322	65	404	6500	13880
平均电价（美分/千瓦时）	14	10.7	22.5	16.3	14.5	8.1	24.0

续表

指标	全球	亚洲	欧洲	北美洲	中南美洲	非洲	大洋洲
接电时间（天）	42	25	41	34	36	47	53
电力市场发展水平	2.5	1	4	3.5	2.5	2.5	3.5
人均用电量增速	1.7%	3.5%	1.6%	0.6%	0.5%	−1.4%	−1.3%
消费服务专项指数	77.3	83.1	79.2	87.9	74.2	55.8	60.6

　　全球电力消费服务专项指数为77.3，北美洲电力消费服务得分最高，非洲得分最低。人均用电量方面，全球平均水平约3324千瓦时／年，北美洲最高，约9920千瓦时／年，非洲最低，仅528千瓦时／年；户均停电时间方面，全球平均水平约1400分钟，北美洲最低，仅65分钟，大洋洲最高，高达13880分钟，主要原因是2022年大洋洲受全球气候变暖影响，爆发了大面积的山火、洪水等自然灾害，造成电力基础设施受损，引发了澳大利亚等国大范围停电事故。平均电价方面，全球平均水平约14美分／千瓦时，其中大洋洲和欧洲最高，超过22美分／千瓦时，非洲最低，仅为8.1美分／千瓦时，主要原因是许多非洲国家政府为电力消费提供了高额补贴。接电时间方面，全球平均水平约42天，其中大洋洲最高，约53天，亚洲最低，仅25天，得益于东亚和海湾国家较高的办电效率。

　　电力市场发展水平方面，欧洲最高，亚洲最低。欧洲国家电力市场发展起步早，电力市场化程度高，交易品种丰富，交易策略完备，由于北欧、南欧、东欧、西欧资源禀赋差异较大，电力市场化交易规模较大。整体上，欧洲电力市场处于全球领先水平。亚洲电力市场发展水平较低，仍有许多国家尚未建立电力市场，已进行电力市场化改革的许多国家电力交易品种相对单一，部分国家和地区尚未建设电力现货市场，亚洲整体上跨国互联程度较低，各国电力供需以自平衡为主。人均用电量增速方面，全球平均水平约为1.7%，其中亚洲最高，达到3.5%，非洲最低，为−1.4%，主要原因是经济复苏不及预期，2021—2022年用电需求大幅萎缩。

5.4　绿色低碳专项指数分析

各大洲电力绿色低碳转型维度二级指标测算结果对比见表 5-4。

表 5-4　　各大洲电力绿色低碳转型维度二级指标测算结果对比

指标	全球	亚洲	欧洲	北美洲	中南美洲	非洲	大洋洲
清洁能源发电量占比	38.6%	29.6%	54.7%	45.8%	67.9%	24.7%	37.5%
电能占终端能源消费比重	20.6%	23.4%	18.8%	21.9%	20.6%	10.3%	23.8%
电力碳排放强度（千克/千瓦时，以CO_2计）	0.49	0.62	0.30	0.35	0.19	0.61	0.49
新能源发电量增速	16.6%	24.9%	11.0%	13.9%	28.1%	25.2%	25.4%
绿色低碳政策制定及落实情况	2.5	3	4	2.5	2	1	3
绿色低碳专项指数	69.0	69.6	76.5	71.8	86.0	54.8	81.5

全球电力绿色低碳专项指数为 69.0，中南美洲总体得分最高，非洲总体得分最低。清洁能源发电量占比方面，全球平均水平约 38.6%，中南美洲最高，达到 67.9%，其次为欧洲，约 54.7%，非洲最低，仅 24.7%；电能占终端能源消费比重方面，全球平均水平约 20.6%，其中大洋洲最高，约 23.8%，非洲最低，仅 10.3%，由于非洲仍处于城镇化、工业化初级阶段，薪柴等生物质能在终端能源消费中占据较高水平；电力碳排放强度方面，全球平均水平为 0.49 千克/千瓦时（以二氧化碳计），其中亚洲和非洲最高，均超过 0.6 千克/千瓦时（以二氧化碳计），主要是亚洲和非洲许多国家化石能源发电在电源结构中仍处于绝对主导地位，中南美洲最低，仅为 0.19 千克/千瓦时（以二氧化碳计），得益于丰富的水电资源。新能源发电量年均增速方面，全球平均水平约 16.6%，其中中南美洲最高，达到 28.1%，欧洲最低，仅为 11%，主要是因为欧洲新能源发电发展起步较早，新能源发电量占比已处于较高水平，同时近年来受火电机组退役影响，新能源消纳受阻，新能源发展速度下降。

　　绿色低碳政策制定及落实方面，欧洲得分最高，法国、德国等大部分欧洲国家都在法律层面明确了 2050 年实现碳中和的发展目标，并制定了清晰的煤电退役计划；非洲、中南美洲得分较低，主要是受经济压力、政策导向转变等因素影响，许多国家暂停了对新能源发电项目的补贴或延迟了新能源项目开发计划，部分国家修改了新能源发展目标。

5.5　技术创新专项指数分析

　　各大洲电力技术创新维度二级指标测算结果对比见表 5-5。

表 5-5　　　　各大洲电力技术创新维度二级指标测算结果对比

指标	全球	亚洲	欧洲	北美洲	中南美洲	非洲	大洋洲
新技术应用水平	3.2	3	4.5	2.5	2	3	2
数智化技术应用水平	2.5	2	4	2.5	2	1	4
国际专利、标准情况	4	4	4.5	4	1.5	0.5	2
技术创新专项指数	68.6	70.6	83.8	81.1	54.8	54.0	73.7

　　全球电力技术创新专项指数为 68.6，欧洲整体得分最高，非洲整体得分最低。电力新技术应用方面，欧洲得分最高，大洋洲得分最低，欧洲在柔性直流输电、电氢协同发展、虚拟电厂等众多领域进行了新技术应用，大洋洲得分最低，新技术应用较少；数智化技术应用方面，欧洲、大洋洲得分最高，得益于智能电能表的普及应用，数字化、信息化技术与电力系统的深度融合，非洲得分最低，电力发展相对滞后，绝大部分业务都未开展数智化技术应用；电力领域国际专利、标准化方面，欧洲得分最高，欧洲拥有国际电工委员会（IEC）、国际大型电力系统理事会（CIGRE）等有影响力的国际组织，法国、德国、西班牙、葡萄牙、意大利等发达国家牵头制定了许多电力领域国际标准，西门子、ABB 等国际知名电力装备企业拥有了大量的电力行业国际专利；非洲得分最低，除南非、埃及等国，绝大部分非洲国家在电力领域国际专利申请和标准化方面参与度较低。

6 区域电力发展指数比较分析

6.1 亚洲电力发展指数分析

亚洲经济社会与电力发展基础数据见表 6-1。

表 6-1　　　　　　　**亚洲经济社会与电力发展基础数据**

经济社会数据	数值	电力发展数据	数值
面积（万平方千米）	3122	总装机容量（亿千瓦）	42.2
人口（亿人）	46.5	总用电量（万亿千瓦时）	14.8
GDP（万亿美元）	37.4	人均发电装机容量（千瓦）	0.91
人均 GDP（美元）	8054	人均用电量（千瓦时）	3190
电能占终端能源消费比重	23.4%	电力普及率	98.8%
清洁能源发电量占比	29.5%	单位用电量碳排放（千克／千瓦时）	0.62

亚洲是全球面积最大、人口最多、经济体量最大的大洲，是世界经济发展的重要引擎，绝大多数国家为发展中国家，发展潜力巨大。近年来，亚洲用电需求持续稳步增长，电力装机大幅提升，电网建设规模不断增加，电能在终端能源中的消费比重不断提升，电力发展持续向好。

2017—2022 年，亚洲总用电量从 11.8 万亿千瓦时增至 14.8 万亿千瓦时，年均增速3.5%，装机总量从 33.6 亿千瓦增至 42.2 亿千瓦，年均增速 4.65%，电力生产能力和消费水平持续稳步提升。2022 年亚洲人均用电量、人均发电装机容量分别达到 3190 千瓦时、0.91 千瓦，略低于全球平均水平，南亚、东南亚等部分国家和地区电力发展相对滞后。2022 年，亚洲电力普及率超过 98%，绝大部分国家实现了户户通电。亚洲用电量增长变化趋势见图 6-1。

图 6-1　亚洲用电量增长变化趋势

2017—2022 年，亚洲清洁能源发电量比重从 23.3% 增至 29.5%，峰值为 2021 年的 32.6%。总体上，亚洲电力清洁低碳水平持续提升，但是火电在发电结构中仍占据主导地位，电力清洁低碳转型任务艰巨。2022 年，亚洲电能占终端能源消费比重达到 23.4%，电能正逐步发展成为终端能源消费的重要来源。亚洲清洁能源发电量占比趋势见图 6-2。

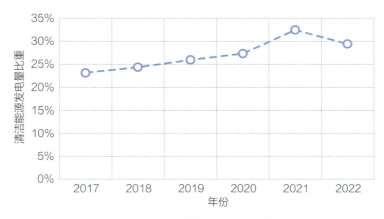

图 6-2　亚洲清洁能源发电量占比趋势图

根据电力发展指数计算结果，亚洲电力发展综合指数为 76.9，略高于全球综合指数。其中，消费服务专项指数高于全球平均水平，绿色低碳专项指数相对落后。亚洲参与电力发展指数测算的 34 个国家中，排名前三的国家分别为中国、韩国和日本，也是目前亚洲最大的三个经济体。

未来，**亚洲要提升电力发展水平**，一是，进一步加大清洁能源开发利用，压减化石能源发电，加快电力清洁低碳转型；二是，以中日韩等电力发展较快的经济体为引领，为电力发展水平相对滞后的国家提供技术支持，缩小区域内部国家间电力发展差距；三是，依托数字化智能化技术手段，进一步提升电力系统极端天气条件下气候韧性和对间歇性、波动性新能源的消纳能力，全面提升电力供应保障能力。

亚洲在不同维度上电力发展水平雷达图见图 6-3，亚洲内部 34 个国家电力发展指数排序及得分见表 6-2。

图 6-3   亚洲在不同维度上电力发展水平雷达图

表 6-2   **亚洲内部 34 个国家电力发展指数排序及得分**

排序	国家	得分	排序	国家	得分
1	中国	90.8	5	哈萨克斯坦	82.3
2	韩国	86.3	6	阿联酋	80.9
3	新加坡	85.5	7	以色列	79.9
4	日本	85.1	8	沙特阿拉伯	79.8

排序	国家	得分	排序	国家	得分
9	科威特	78.7	22	约旦	68.3
10	卡塔尔	78.4	23	伊朗	67.9
11	巴林	76.9	24	印度	65.6
12	老挝	73.2	25	塔吉克斯坦	65.0
13	阿曼	72.6	26	蒙古	64.9
14	马来西亚	72.2	27	菲律宾	64.1
15	乌兹别克斯坦	71.5	28	巴基斯坦	64.1
16	越南	71.5	29	尼泊尔	60.9
17	印度尼西亚	70.1	30	斯里兰卡	60.8
18	阿塞拜疆	69.8	31	孟加拉国	59.1
19	泰国	69.2	32	柬埔寨	58.8
20	吉尔吉斯斯坦	69.2	33	缅甸	54.7
21	格鲁吉亚	69.1	34	伊拉克	52.0

6.2　欧洲电力发展指数分析

欧洲经济社会与电力发展基础数据见表 6-3。

表 6-3　　　　　　　　欧洲经济社会与电力发展基础数据

经济社会数据	数值	电力发展数据	数值
面积（万平方千米）	2378	总装机容量（亿千瓦）	16.9
人口（亿人）	8.3	总用电量（万亿千瓦时）	4.5
GDP（万亿美元）	23.8	人均发电装机容量（千瓦）	2.0
人均 GDP（美元）	28844	人均用电量（千瓦时）	5481
电能占终端能源消费比重	18.8%	电力普及率	100%
清洁能源发电量占比	54.7%	单位用电量碳排放（千克/千瓦时）	0.3

　　欧洲经济社会发达，在促进清洁能源发展、应对气候变化、推动区域一体化进程等方面走在世界前列。欧洲总体电力基础设施完善，电力供应能力和消费水平较高，在20世纪已实现跨国跨区电力互联互通，电力普及率已达到100%。电力清洁低碳转型起步较早，技术创新全球领先。近年来，受俄乌冲突等引发的能源供应危机影响，叠加人口总量持续下降、能效水平不断提升，欧洲用电增长总体呈下降趋势。

　　2017—2022年，欧洲总用电量从4.64万亿千瓦时降至4.53万亿千瓦时，年均增速-0.5%，装机总量从15.3亿千瓦增至16.9亿千瓦，年均增速1.93%。2022年欧洲人均用电量、人均发电装机容量分别达到5481千瓦时、2.04千瓦，接近全球平均水平的2倍。欧洲用电量增长变化趋势见图6-4。

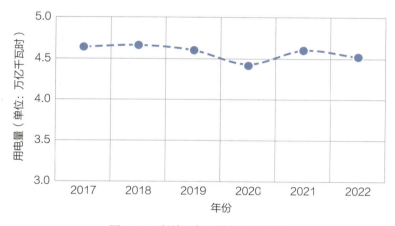

图6-4　欧洲用电量增长变化趋势

　　2017—2022年，欧洲清洁能源发电量比重从50.8%增至54.7%，峰值为2020年的57.5%，电力清洁低碳转型发展水平较高。2022年，欧洲电能占终端能源消费比重仅18.8%，低于全球平均水平，主要是俄罗斯、白俄罗斯、希腊等国电能在终端能源中的占比较低。欧洲清洁能源发电量占比趋势见图6-5。

　　根据电力发展指数计算结果，欧洲电力发展综合指数为84.4，排在区域电力发展指数之首。其中，电力供应保障、技术创新指数得分最高。欧洲参与电力发展指数测算的30个国家中，排名前三的国家分别为瑞典、挪威和瑞士，这3个国家在全球100个国家电力发展指数排名中也位于前列。欧洲在不同维度上电力发展水平雷达图见图6-6。

　　未来，**欧洲要进一步提升电力发展水平，**一是要进一步提升新能源开发规模，满足

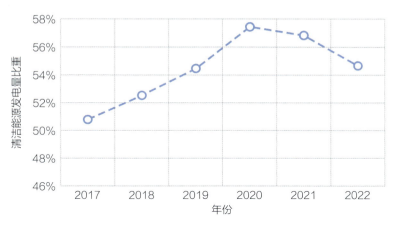

图 6-5　欧洲清洁能源发电量占比趋势图

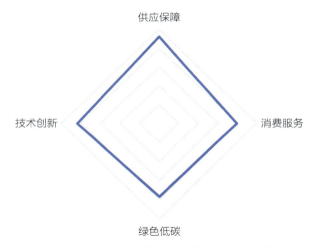

图 6-6　欧洲在不同维度上电力发展水平雷达图

火电退出后的供电缺口；二是部分国家要进一步缩短接电时间，提升电力服务水平；三是部分化石能源消费较高的国家，需加强电能替代，提高电气化水平。

欧洲内部 30 个国家电力发展指数排序及得分见表 6-4。

表 6-4　　　　　欧洲内部 30 个国家电力发展指数排序及得分

排序	国家	得分	排序	国家	得分
1	瑞典	93.9	3	瑞士	91.5
2	挪威	92.8	4	丹麦	91.4

续表

排序	国家	得分	排序	国家	得分
5	法国	91.0	18	希腊	77.1
6	冰岛	86.7	19	斯洛伐克	76.9
7	葡萄牙	86.3	20	斯洛文尼亚	76.7
8	德国	86.3	21	保加利亚	76.0
9	奥地利	85.7	22	捷克	75.8
10	西班牙	85.0	23	白俄罗斯	75.7
11	芬兰	84.4	24	土耳其	75.2
12	荷兰	83.9	25	波兰	75.1
13	意大利	83.3	26	匈牙利	74.7
14	英国	83.2	27	乌克兰	74.2
15	爱尔兰	82.9	28	克罗地亚	73.3
16	比利时	81.1	29	塞尔维亚	71.4
17	俄罗斯	80.2	30	罗马尼亚	68.3

6.3　非洲电力发展指数分析

非洲经济社会与电力发展基础数据见表6-5。

表 6-5　　　　　非洲经济社会与电力发展基础数据

经济社会数据	数值	电力发展数据	数值
面积（万平方千米）	3003	总装机容量（亿千瓦）	2.46
人口（亿人）	14.4	总用电量（万亿千瓦时）	0.76
GDP（万亿美元）	2.9	人均发电装机容量（千瓦）	0.17
人均GDP（美元）	2011	人均用电量（千瓦时）	528
电能占终端能源消费比重	10.3%	电力普及率	54.8%
清洁能源发电量占比	24.7%	单位用电量碳排放（千克/千瓦时）	0.61

非洲是全球发展中国家最集中的大陆，也是全球最具发展潜力的区域。近年来，非洲国家政治局势日趋稳定，人口红利不断释放，营商环境持续向好，已成为世界经济的重要增长极，正迎来以工业化、城镇化和区域一体化为特征的新时代。但是，非洲国家也面临发展基础薄弱、基础设施建设滞后、能源电力保障能力和应对气候变化能力亟待提升等严峻挑战。非洲目前仍有近一半无电人口，电力普及率仅 54.8%。

2017—2022 年，非洲总用电量从 7100 亿千瓦时增至 7600 亿千瓦时，年均增速 1.3%，装机总量从 2.09 亿千瓦增至 2.46 亿千瓦，年均增速 3.26%。2022 年非洲人均用电量、人均发电装机容量分别达到 528 千瓦时、0.17 千瓦，约全球平均水平的 1/6。非洲用电量增长变化趋势见图 6-7。

图 6-7 非洲用电量增长变化趋势

2017—2022 年，非洲清洁能源发电量比重从 20.2% 增至 24.7%，电力清洁低碳转型持续向好。2022 年，非洲电能占终端能源消费比重仅 10.3%，仅为全球平均水平的一半。

根据电力发展指数计算结果，非洲电力发展综合指数为 54.7，远低于全球综合指数水平。 非洲在各个维度上的得分均处于全球较低水平，其中供应保障得分最低，消费服务得分略高。非洲参与电力发展指数测算的 17 个国家中，仅有埃及一个国家排名前 50。

非洲清洁能源发电量占比趋势见图 6-8，非洲在不同维度上电力发展水平雷达图见图 6-9。

未来，**非洲要提升电力发展水平，关键是要加快电力基础设施建设**，提高电力普及率，加快清洁能源开发，提升电能在终端能源消费中的比重，构建可持续电力系统，为经济社会发展提供电力保障。

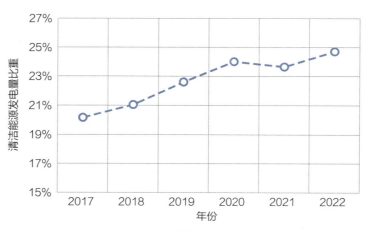

图 6-8　非洲清洁能源发电量占比趋势图

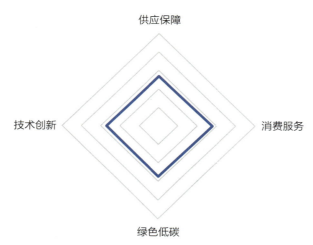

图 6-9　非洲在不同维度上电力发展水平雷达图

非洲内部 17 个国家电力发展指数排序及得分见表 6-6。

表 6-6　　　非洲内部 17 个国家电力发展指数排序及得分

排序	国家	得分	排序	国家	得分
1	埃及	73.0	4	南非	68.2
2	摩洛哥	70.1	5	利比亚	67.3
3	阿尔及利亚	69.2	6	突尼斯	63.1

排序	国家	得分	排序	国家	得分
7	加纳	58.3	13	尼日利亚	55.1
8	科特迪瓦	58.1	14	赞比亚	54.7
9	肯尼亚	57.9	15	乌干达	53.9
10	塞内加尔	57.7	16	坦桑尼亚	53.7
11	喀麦隆	56.0	17	埃塞俄比亚	52.9
12	安哥拉	55.1			

6.4　中南美洲电力发展指数分析

中南美洲经济社会与电力发展基础数据见表 6-7。

表 6-7　　　　　中南美洲经济社会与电力发展基础数据

经济社会数据	数值	电力发展数据	数值
面积（万平方千米）	1857	总装机容量（亿千瓦）	4.28
人口（亿人）	5.35	总用电量（万亿千瓦时）	1.18
GDP（万亿美元）	5.1	人均发电装机容量（千瓦）	0.8
人均 GDP（美元）	9520	人均用电量（千瓦时）	2201
电能占终端能源消费比重	20.6%	电力普及率	98.3%
清洁能源发电量占比	67.9%	单位用电量碳排放（千克／千瓦时）	0.19

中南美洲是由新兴市场国家和发展中经济体组成的区域，自然资源丰富，产业、人力资源和区域一体化基础较好，未来可持续发展优势显著，但能源电力配置能力和应对气候变化能力也面临严峻挑战。中南美洲目前电力普及率为 98.3%，仍有部分无电人口。

2017—2022 年，中南美洲总用电量从 1.10 万亿千瓦时增至 1.18 万亿千瓦时，年均增速 1.3%，装机总量从 3.74 亿千瓦增至 4.28 亿千瓦，年均增速 2.73%。2022 年中南美洲人均用电量、人均发电装机容量分别达到 2201 千瓦时、0.8 千瓦，较全球平均水平低 30% 左右。中南美洲用电量增长变化趋势见图 6-10。

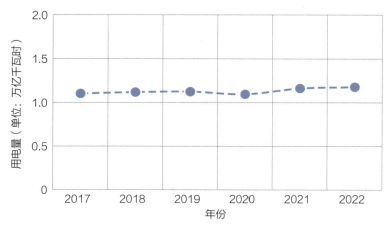

图 6-10   中南美洲用电量增长变化趋势

2017—2022 年，中南美洲清洁能源发电量比重从 65.9% 增至 67.9%，峰值为 2020 年的 70.1%，得益于充足的水电资源，中南美洲清洁能源发电量比重遥遥领先于全球其他区域。2022 年，中南美洲电能占终端能源消费比重达 20.55%，为全球平均水平。中南美洲清洁能源发电量占比趋势见图 6-11。

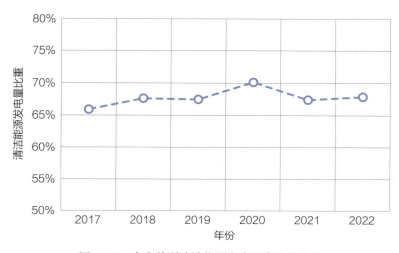

图 6-11   中南美洲清洁能源发电量占比趋势图

根据电力发展指数计算结果，中南美洲电力发展综合指数为 72.7，略低于全球综合指数水平。其中绿色低碳指数得分处于全球领先水平。中南美洲参与电力发展指数测算的 14 个国家中，智利、乌拉圭、阿根廷、巴西排名较高。中南美洲在不同维度上电力发展水平雷达图见图 6-12。

图 6-12　中南美洲在不同维度上电力发展水平雷达图

未来，中南美洲要提升电力发展水平，一是要提升电力供应保障能力，强化电力供应对经济社会发展的支撑能力；二是要加强技术创新，构建数字化智能化电力系统，服务新能源更大规模发展消纳和电力系统安全稳定运行。

中南美洲内部 14 个国家电力发展指数排序及得分见表 6-8。

表 6-8　　中南美洲内部 14 个国家电力发展指数排序及得分

排序	国家	得分	排序	国家	得分
1	智利	82.7	8	秘鲁	71.7
2	巴西	76.1	9	厄瓜多尔	69.4
3	乌拉圭	76.0	10	委内瑞拉	66.4
4	阿根廷	74.8	11	波多黎各	65.8
5	巴拿马	72.8	12	多米尼加共和国	62.9
6	哥伦比亚	72.5	13	玻利维亚	61.5
7	哥斯达黎加	72.0	14	古巴	61.3

6.5   北美洲电力发展指数分析

北美洲经济社会与电力发展基础数据见表 6-9。

表 6-9   北美洲经济社会与电力发展基础数据

经济社会数据	数值	电力发展数据	数值
面积（万平方千米）	2396	总装机容量（亿千瓦）	14.4
人口（亿人）	5.02	总用电量（万亿千瓦时）	4.98
GDP（万亿美元）	29.07	人均发电装机容量（千瓦）	2.87
人均 GDP（美元）	57882	人均用电量（千瓦时）	9920
电能占终端能源消费比重	21.9%	电力普及率	100%
清洁能源发电量占比	45.7%	单位用电量碳排放（千克/千瓦时）	0.35

北美洲经济社会发达，区域合作紧密，自由贸易及经济一体化水平高，技术创新领先、营商环境好、能源资源储量大、能源电力基础设施完善，同时也面临基础设施老旧、化石能源消费高、碳排放量大等问题，2022 年电力行业人均碳排放 3.52 吨，超过全球平均水平 2 倍。电力发展起步早，20 世纪已实现跨国跨区电力互联、电力普及率已达到 100%。

2017—2022 年，北美洲总用电量从 4.72 万亿千瓦时增至 4.98 万亿千瓦时，年均增速 1.08%，装机总量从 13.27 亿千瓦增至 14.4 亿千瓦，年均增速 1.64%。2022 年北美洲人均用电量、人均发电装机容量分别达到 9920 千瓦时、2.87 千瓦，接近全球平均水平的 3 倍。北美洲用电量增长变化趋势见图 6-13。

2017—2022 年，北美洲清洁能源发电量比重从 42.1% 增至 45.7%，电力绿色低碳转型势头向好。2022 年，北美洲电能占终端能源消费比重达 21.9%，略高于全球平均水平，美国最低为 21.4%、墨西哥最高为 25.7%。北美洲清洁能源发电量占比趋势图见图 6-14。

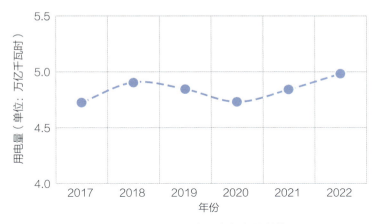

图 6-13　北美洲用电量增长变化趋势

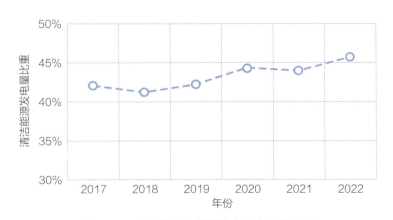

图 6-14　北美洲清洁能源发电量占比趋势图

　　根据电力发展指数计算结果，北美洲电力发展综合指数为 86.0，高于全球电力发展指数水平。其中电力供应保障、消费服务指数处于全球领先水平，在绿色低碳和技术创新方面，仍有进步空间。北美洲参与电力发展指数测算的 3 个国家中，加拿大和美国排名位于全球前列。北美洲在不同维度上电力发展水平雷达图见图 6-15。

　　未来，北美洲要进一步提升电力发展水平，一是要大力发展新能源发电，减少对化石能源发电依赖，降低电力行业碳排放；二是要加强技术创新应用，对老旧基础设施进行技术改造和更新换代。

　　北美洲内部 3 个国家电力发展指数排序及得分见表 6-10。

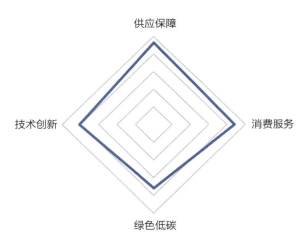

图 6-15　北美洲在不同维度上电力发展水平雷达图

表 6-10　　　　北美洲内部 3 个国家电力发展指数排序及得分

排序	国家	得分	排序	国家	得分
1	加拿大	91.7	3	墨西哥	74.8
2	美国	84.0			

6.6　大洋洲电力发展指数分析

大洋洲经济社会与电力发展基础数据见表 6-11。

表 6-11　　　　大洋洲经济社会与电力发展基础数据

经济社会数据	数值	电力发展数据	数值
面积（万平方千米）	851.4	总装机容量（亿千瓦）	1.1
人口（亿人）	0.44	总用电量（万亿千瓦时）	0.3
GDP（万亿美元）	2.0	人均发电装机容量（千瓦）	2.5
人均 GDP（美元）	45283	人均用电量（千瓦时）	6844
电能占终端能源消费比重	23.8%	电力普及率	81.4%
清洁能源发电量占比	37.5%	单位用电量碳排放（千克 / 千瓦时）	0.49

大洋洲自然资源和矿产资源十分丰富，澳大利亚、新西兰电力发展水平居全球前列，部分太平洋岛国电力基础设施落后，还有很多无电人口，目前大洋洲电力普及率为81.4%。太平洋岛国地理位置特殊、环境复杂脆弱，是世界上最容易受气候变化影响的地区，大洋洲各国重视气候变化问题，积极参与全球气候治理。

2017—2022 年，大洋洲总用电量基本维持在 3000 亿千瓦时左右，装机总量从 8700 万千瓦增至 1.1 亿千瓦，年均增速 4.75%。2022 年大洋洲人均用电量、人均发电装机容量分别达到 6844 千瓦时、2.5 千瓦，是全球平均水平的 2 倍以上。大洋洲用电量增长变化趋势见图 6-16。

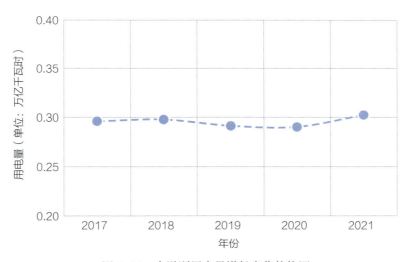

图 6-16 大洋洲用电量增长变化趋势图

2017—2022 年，大洋洲清洁能源发电量比重从 25.3% 增至 37.5%，是全球清洁能源发电量比重增速最快的大洲。2022 年，大洋洲电能占终端能源消费比重达 23.8%，高于全球平均水平 3 个百分点。大洋洲清洁能源发电量占比趋势见图 6-17。

根据电力发展指数计算结果，大洋洲电力发展综合指数为 71.4，低于全球综合指数水平。其中电力绿色低碳指数处于全球领先水平，在供应保障、消费服务方面得分相对较低。澳大利亚和新西兰在全球电力发展指数的排名中均位于前 20，电力发展水平全球领先。大洋洲在不同维度上电力发展水平雷达图见图 6-18。

未来，大洋洲要进一步提升电力发展水平，一是强化电力供应保障能力，特别是加

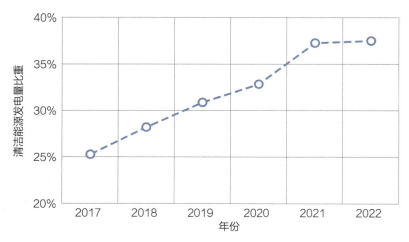

图 6-17　大洋洲清洁能源发电量占比趋势图

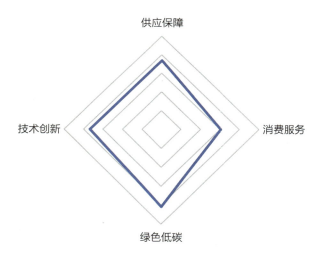

图 6-18　大洋洲在不同维度上电力发展水平雷达图

强电力系统应对极端天气的韧性；二是要提升消费服务水平，降低用电成本、缩短接电时间、提升供电可靠性；三是完善小岛国电力基础设施建设。

大洋洲内部 2 个国家电力发展指数排序及得分见表 6-12。

表 6-12　　　　大洋洲内部 2 个国家电力发展指数排序及得分

排序	国家	得分	排序	国家	得分
1	新西兰	85.1	2	澳大利亚	84.0

6.7　区域间电力发展指数对比分析

区域间电力发展不均衡性突出。通过对亚洲、欧洲、非洲、中南美洲、北美洲及大洋洲的电力发展指数分析，可以看出各区域在电力普及率、清洁能源发展、技术创新、供应保障等方面呈现出显著差异。欧洲和北美洲作为电力发展领先区域，已建立高度完备的电力基础设施体系，在电力供应保障、绿色低碳发展、技术创新等方面全球领先，电力普及率达到100%，清洁能源发电占比较大，跨国电力互联互通水平较高，并通过技术创新不断提升电网的稳定性与韧性。

亚洲经济体量庞大、用电需求持续增长，但区域内电力发展水平存在显著差异。亚洲部分国家如中国、韩国和日本在电力技术和清洁能源发展方面取得了显著进展，但南亚、东南亚等地区电力发展仍相对滞后。为了进一步缩小区域内差距，亚洲亟需加快清洁能源开发，提升电力系统的数字化智能化水平，加速区域电力清洁低碳转型。

非洲地区电力发展处于全球较低水平。非洲总体电力基础设施薄弱、电力普及率低，仍有大规模无电人口，清洁能源利用水平相对较低。尽管部分国家如埃及在电力发展方面取得了不错的进展，但整体发展远低于全球平均水平，需要大力加强电力基础设施建设，提高电力普及率，提升清洁能源开发利用效率。

中南美洲和大洋洲在电力发展方面具有一定优势。中南美洲得益于丰富的水电资源，清洁能源发电比重在全球遥遥领先，但电力系统的供应保障和消费服务水平有待提升。大洋洲以澳大利亚和新西兰为代表，电力发展指数较高，但部分太平洋岛国电力基础设施落后，亟需加强建设。

未来，各地区应根据自身特点制定相应的电力发展战略，推动电力可持续发展。欧洲和北美洲需继续提升新能源开发规模，加速老旧电力基础设施的技术改造，提升电网韧性，应对极端天气变化和电力需求增长；亚洲需加强区域间合作，通过技术转让和资金支持，加大对电力发展落后地区投资力度，缩小区域内部电力发展差距；非洲应加大电力基础设施投入，着力提高电力普及率，加快推动清洁能源发电项目，提升电能在终端能源中的消费比重；中南美洲和大洋洲应加强数智化电网建设，增强电力系统的灵活性与适应性，应对未来新能源大规模接入与消纳挑战。

电力发展综合指数和各专项指数上各大洲内不同国家得分分布见图6-19。

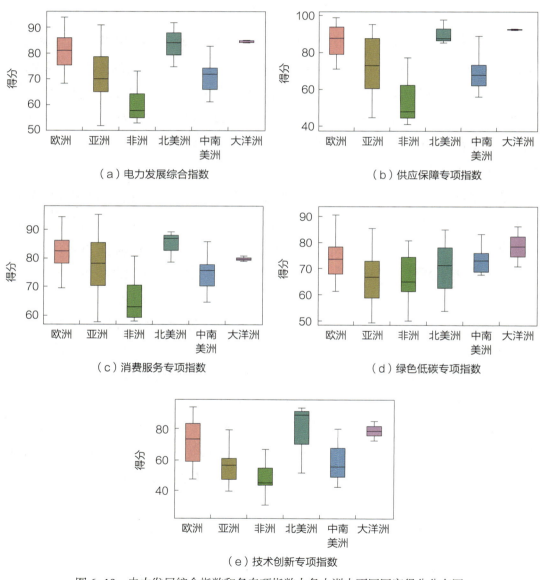

图6-19　电力发展综合指数和各专项指数上各大洲内不同国家得分分布图

7 国家电力发展指数深度分析

7.1 各国电力发展指数排名

（一）总体排名

对选取的全球 6 大洲 100 个代表性国家进行电力发展综合指数测算和排序。基于搜集获得的各国电力发展基础数据，利用全球电力发展指数两级指数模型对各国电力发展综合指数和供应保障、消费服务、绿色低碳、技术创新等 4 个专项指数进行测算和排序。各国总体排名与得分及各分项指数得分如附表 2 所示。

根据指数测算及排序结果，**全球电力发展综合指数排名前 20 位的国家，除中国外，全部为发达国家**。这些电力发展水平最高的国家共同特征包括电力基础设施较为完善，人均装机和用电水平较高，电力供应保障和服务水平高，有明确的能源电力转型意愿和转型目标，重视清洁能源发展和新技术应用，国家之间电力发展综合指数得分差距较小。

排名 21 ~ 50 的国家主要为欧洲、亚洲、中南美洲国家，非洲仅埃及一个国家排名前 50，整体发展水平较为落后。该排名区间国家共同特征是电力发展不均衡，仅在部分专项指标上得分较高，影响了总体评分。例如，巴林人均用电量和人均装机容量分别高达 19445 千瓦时、3.93 千瓦，分别位列全球第三、第八位，分别是全球平均水平的 6 倍和 4 倍左右，但绿色低碳发展水平相对较低，电力生产几乎全部来自油气发电，电力技术创新也稍显不足。

排名 51 ~ 80 的国家主要为亚洲、非洲和中南美洲国家。这些国家电力发展共同特征是电力基础设施发展有一定基础，但人均装机和用电水平相对较低，部分国家在单项指标上处于世界领先水平。

　　排名倒数 20 国家主要为非洲和亚洲国家。排名靠后的这些国家电力发展水平共同特点是电力基础设施发展相对落后，人均装机和用电水平较低，许多国家仍有大量无电人口，电力供应保障能力较差、服务水平较低，电力发展无法满足经济社会发展需要。

　　全球 100 个国家电力发展综合指数排序结果见表 7-1。

表 7-1　　　　全球 100 个国家电力发展综合指数排序结果

排序	国家	排序	国家	排序	国家	排序	国家
1	瑞典	26	比利时	51	巴拿马	76	塔吉克斯坦
2	挪威	27	阿联酋	52	阿曼	77	蒙古
3	加拿大	28	俄罗斯	53	哥伦比亚	78	菲律宾
4	瑞士	29	以色列	54	马来西亚	79	巴基斯坦
5	丹麦	30	沙特阿拉伯	55	哥斯达黎加	80	突尼斯
6	法国	31	科威特	56	秘鲁	81	多米尼加共和国
7	中国	32	卡塔尔	57	乌兹别克斯坦	82	玻利维亚
8	冰岛	33	希腊	58	越南	83	古巴
9	葡萄牙	34	巴林	59	塞尔维亚	84	尼泊尔
10	韩国	35	斯洛伐克	60	摩洛哥	85	斯里兰卡
11	德国	36	斯洛文尼亚	61	印度尼西亚	86	孟加拉国
12	奥地利	37	巴西	62	阿塞拜疆	87	柬埔寨
13	新加坡	38	乌拉圭	63	厄瓜多尔	88	加纳
14	日本	39	保加利亚	64	泰国	89	科特迪瓦
15	新西兰	40	捷克	65	阿尔及利亚	90	肯尼亚
16	西班牙	41	白俄罗斯	66	吉尔吉斯斯坦	91	塞内加尔
17	芬兰	42	土耳其	67	格鲁吉亚	92	喀麦隆
18	澳大利亚	43	波兰	68	约旦	93	安哥拉
19	美国	44	墨西哥	69	罗马尼亚	94	尼日利亚
20	荷兰	45	阿根廷	70	南非	95	缅甸
21	意大利	46	匈牙利	71	伊朗	96	赞比亚
22	英国	47	乌克兰	72	利比亚	97	乌干达
23	爱尔兰	48	克罗地亚	73	委内瑞拉	98	坦桑尼亚
24	智利	49	老挝	74	波多黎各	99	埃塞俄比亚
25	哈萨克斯坦	50	埃及	75	印度	100	伊拉克

（二）分维度排名

在总体排序基础上，对各专项指标排名前 20 的国家进行了排序，有助于各国互学互鉴，促进跨区跨国电力发展经验交流与合作协同。供应保障、消费服务、绿色低碳、技术创新等专项排名前 20 的国家见表 7-2。

表 7-2　　全球电力发展各专项指数排名前 20 的国家列表

专项指数	排名前 20 的国家
供应保障	丹麦、挪威、加拿大、瑞典、冰岛、新加坡、中国、芬兰、奥地利、法国、荷兰、日本、瑞士、比利时、葡萄牙、德国、西班牙、澳大利亚、新西兰、科威特
消费服务	阿联酋、荷兰、韩国、中国、瑞典、瑞士、卡塔尔、沙特阿拉伯、科威特、巴林、爱尔兰、加拿大、英国、新加坡、挪威、葡萄牙、法国、美国、丹麦、哈萨克斯坦
绿色低碳	挪威、瑞士、法国、瑞典、巴西、新西兰、丹麦、芬兰、马来西亚、加拿大、秘鲁、乌干达、塔吉克斯坦、冰岛、吉尔吉斯斯坦、斯洛伐克、葡萄牙、斯洛文尼亚、中国、匈牙利
技术创新	德国、中国、美国、法国、丹麦、瑞典、荷兰、英国、挪威、日本、澳大利亚、巴西、加拿大、意大利、葡萄牙、瑞士、爱尔兰、哈萨克斯坦、西班牙、印度

供应保障排名领先的国家主要为发达国家和中国，共同特征包括人均发电装机容量较高、电力供应保障能力较强，能够支撑经济社会发展需要。

消费服务排名领先的国家主要为北欧和部分亚洲国家，共同特征包括供电可靠性高、接电时间短、电价竞争力较强、人均用电水平较高。

绿色低碳排名靠前国家主要为欧洲、中南美洲和部分非洲国家，共同特征包括清洁能源电量占比高、电力碳排放强度低、新能源发展较快。

技术创新排名靠前国家主要为发达国家以及亚洲、中南美洲大国，如中国、巴西、哈萨克斯坦、印度等。这些国家在新技术应用、电力科技研发投入产出方面水平较高。

（三）OECD 国家排名

参与比选的 100 个国家中，经济合作与发展组织成员国（OECD 国家）共有 34 个，除中南美洲哥伦比亚和哥斯达黎加外，电力发展指数排名均位于全球前 50，其中 18 个国家排名位于前 20。综合来看，OECD 国家电力发展水平较高，主要原因是 OECD 大部分国家经济基础较好，人均 GDP 较高，电力基础设施较为完善，电力生产和消费水平高。

OECD 国家内部，电力发展指数排名前 5 的国家为瑞典、挪威、加拿大、瑞士和丹麦，排名后 5 的国家为波兰、墨西哥、匈牙利、哥伦比亚和哥斯达黎加。

OECD 国家内部电力发展指数排名见表 7-3。

表 7-3　　　　　　　　OECD 国家内部电力发展指数排名

排名	国家	排名	国家	排名	国家
1	瑞典	13	新西兰	25	希腊
2	挪威	14	西班牙	26	斯洛伐克
3	加拿大	15	芬兰	27	斯洛文尼亚
4	瑞士	16	澳大利亚	28	捷克
5	丹麦	17	美国	29	土耳其
6	法国	18	荷兰	30	波兰
7	冰岛	19	意大利	31	墨西哥
8	葡萄牙	20	英国	32	匈牙利
9	韩国	21	爱尔兰	33	哥伦比亚
10	德国	22	智利	34	哥斯达黎加
11	奥地利	23	比利时		
12	日本	24	以色列		

（四）发展中国家排名

按照世界银行最新标准，人均国民总收入低于 12696 美元的国家为发展中国家，参与比选的 100 个国家中，发展中国家共有 54 个，排名前 20 的国家只有中国，排名前 50 的国家还有哈萨克斯坦、巴西、白俄罗斯、土耳其、墨西哥、老挝等国。

发展中国家总体上电力发展指数排名靠后，许多国家人均 GDP 尚不足 1000 美元，电力基础设施严重不足，部分非洲和南亚、东南亚国家仍有大量无电人口，加强电力基础设施建设，解决电力可及性问题，是这些国家提升电力发展水平的最有效途径。

发展中国家内部电力发展指数排名见表 7-4。

表 7-4　　　　　　　发展中国家内部电力发展指数排名

排名	国家	排名	国家	排名	国家
1	中国	19	厄瓜多尔	37	古巴
2	哈萨克斯坦	20	泰国	38	尼泊尔
3	巴西	21	阿尔及利亚	39	斯里兰卡
4	白俄罗斯	22	吉尔吉斯斯坦	40	孟加拉国
5	土耳其	23	格鲁吉亚	41	柬埔寨
6	墨西哥	24	约旦	42	加纳
7	乌克兰	25	南非	43	科特迪瓦
8	老挝	26	伊朗	44	肯尼亚
9	摩洛哥	27	利比亚	45	塞内加尔
10	哥伦比亚	28	委内瑞拉	46	喀麦隆
11	马来西亚	29	印度	47	安哥拉
12	秘鲁	30	塔吉克斯坦	48	尼日利亚
13	乌兹别克斯坦	31	蒙古	49	缅甸
14	越南	32	菲律宾	50	赞比亚
15	塞尔维亚	33	巴基斯坦	51	乌干达
16	埃及	34	突尼斯	52	坦桑尼亚
17	印度尼西亚	35	多米尼加共和国	53	埃塞俄比亚
18	阿塞拜疆	36	玻利维亚	54	伊拉克

7.2　典型国家案例分析

7.2.1　亚洲

（一）中国

中国是亚洲国土面积最大、经济体量最大、人口第二多的国家，也是唯一一个电力发展水平排名前 20 的发展中国家。深入分析中国电力发展的各个维度，有助于为其他发展中国家提高电力发展水平提供参考和借鉴。

1. 电力发展基本情况

中国经济社会与电力发展基础数据见表 7-5。

表 7-5　　　　　　　中国经济社会与电力发展基础数据

经济社会数据	数值	电力发展数据	数值
国土面积（万平方千米）	959.7	总装机容量（亿千瓦）	25.94
人口（亿人）	14.53	总用电量（万亿千瓦时）	8.54
GDP（万亿美元）	18.3	人均发电装机容量（千瓦）	1.78
人均 GDP（万美元）	1.26	人均用电量（千瓦时）	5877
电能占终端能源消费比重	28.14%	电力普及率	100%
清洁能源发电量占比	35.1%	单位用电量碳排放（千克 / 千瓦时）	0.61

中国已建成全球规模最大的电力系统，电源装机、输配电网、电力消费规模均居世界第一。2022 年，中国发电总装机容量 25.94 亿千瓦，占全球总装机容量的 30.6%，超过 G7 国家装机容量总和；总用电量 8.54 万亿千瓦时，占全球总用电量 32.1%，接近全球用电需求 1/3；35 千伏及以上输电线路长度 226 万千米。

电力安全供应对经济社会发展提供了坚强保障。过去 5 年，中国 GDP 年均增速约5.3%，是全球平均水平的 2.2 倍，电力需求年均增速达到 6.2%，是全球平均水平的 2.3倍，发电装机容量年均增速 7.7%，是全球平均水平的 1.8 倍。2022 年，中国人均用电量、人均发电装机容量分别达到 5877 千瓦时、1.78 千瓦，是全球平均水平 1.7～1.8 倍。中国政府和电力企业统筹发展和安全、保供与转型，发电侧电网侧合力保障电力安全可靠供应，为经济社会发展提供了坚强支撑。过去 5 年中国用电量变化情况见图 7-1。

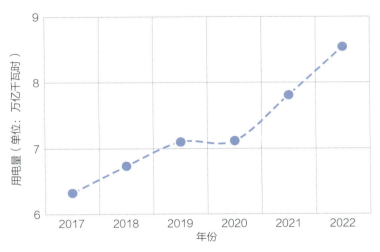

图 7-1　过去 5 年中国用电量变化情况

已实现户户通电。为解决偏远地区无电人口问题，中国通过大电网延伸与分散电源就地供电相结合的方式，在 2015 年实现了户户通电，全面提升了电力消费服务水平。

重视电力技术创新发展，依托特高压输电技术实现电力互联互通。特高压输电技术是中国电力领域一大创新，有效缓解了电力资源与负荷分布不均的难题。截至 2024 年 4 月，中国已投运特高压工程 38 个（18 交 20 直），"西电东送"规模接近 3.5 亿千瓦，极大提升了电力互联互通水平和资源配置能力。

中国极大地推动了全球电力绿色低碳转型。2017—2022 年，中国清洁能源装机规模增长 5.61 亿千瓦，占全球清洁能源装机增量 12.35 亿千瓦的 45.4%；清洁能源发电量比重从 28.5% 增至 35.1%，增长 6.6 个百分点；清洁能源装机占比从 38.2% 增至 48.6%，增长超过 10 个百分点。2022 年，中国电能占终端能源消费比重达 28.14%，高于全球平均水平 7.5 个百分点，处于全球领先水平，也高于大部分 OECD 国家。过去 5 年中国清洁能源发电量占比变化情况见图 7-2。

2. 电力发展指数测算及分析

根据电力发展指数测算结果，中国电力发展指数综合得分为 90.8 分，在技术创新

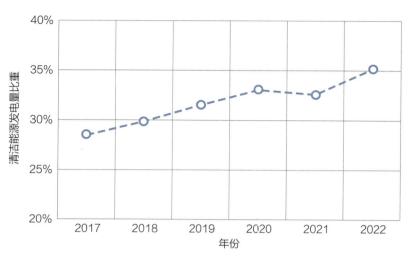

图 7-2   过去 5 年中国清洁能源发电量占比变化情况

领域得分较高、处于全球领先，在电力供应保障、消费服务方面也处于全球前列。由于水电、核电发电量比重较低，尽管风光等新能源发展迅猛，清洁能源发电比重总体不高，影响了绿色低碳转型指数得分。中国在不同维度上电力发展水平雷达图见图 7-3。

　　未来，要进一步提升中国电力发展水平，一是继续大力发展新能源发电，持续推动电力绿色低碳转型，减少化石能源发电，降低电力生产碳排放水平；二是加快抽水蓄能、新型储能、虚拟电厂、V2G 等灵活性资源部署，优化辅助服务市场机制，加强电力互联互通，进一步提升新能源消纳水平；三是持续建设完善电力市场，扩大现货市场

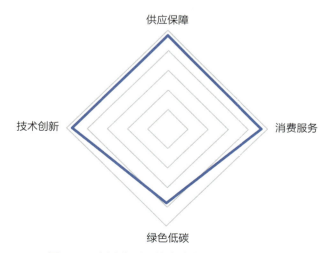

图 7-3   中国在不同维度上电力发展水平雷达图

覆盖范围，丰富市场交易品种，推进电碳市场融合。

3. 电力发展经验

中国在新能源发电、特高压输电、柔性直流输电和电力系统数字化智能化等领域均处于全球领先水平，建设了一系列示范工程，为世界各国提供了中国电力创新实践经验。

中国长江三峡集团公司和内蒙古能源发电集团有限责任公司联合建设的库布其沙漠鄂尔多斯中北部新能源基地项目，是在沙漠、戈壁、荒漠地区开发建设的全球最大规模风电光伏基地项目，也是中国首个开工建设的千万千瓦级新能源大基地项目。项目总装机容量 1600 万千瓦，包括光伏 800 万千瓦和风电 400 万千瓦，配套改扩建先进高效煤电装机容量 400 万千瓦，项目已于 2022 年 12 月正式开工建设。项目全部建成后，每年可向京津冀地区送电约 400 亿千瓦时，其中清洁能源占比 50% 以上，相当于节约标准煤约 600 万吨，减排二氧化碳约 1600 万吨。库布齐沙漠大型风光基地示意见图 7-4。

图 7-4 库布齐沙漠大型风光基地示意图

中国国家电网有限公司投建的昌吉—古泉 ±1100 千伏特高压直流输电示范工程是世界上第一条 ±1100 千伏直流输电工程，具有电压等级最高、输送容量最大、输电距离最远、技术水平最先进的"四最"工程。工程线路全长 3293.1 千米，额定输送容量 1200 万千瓦，总投资 407 亿元，2019 年投运。该工程每年可向华东地区输送电量 660 亿千瓦时，可满足华东 5000 万家庭用电需求，并减少燃煤运输 3024 万吨，减排烟尘 2.4 万吨、二氧化硫 14.9 万吨、氮氧化物 15.7 万吨。昌吉—古泉 ±1000 千伏特高压直流输电工程昌吉换流站全景见图 7-5。

图 7-5   昌吉—古泉 ±1100 千伏特高压直流输电工程昌吉换流站全景图

中国南瑞继保电气有限公司提供核心装备、中国南方电网有限责任公司投建的乌东德电站送电广东广西特高压多端直流示范工程（简称昆柳龙工程）是世界上容量最大的特高压多端直流输电工程、首个特高压多端混合直流工程、首个特高压柔性直流换流站工程、首个具备架空线路直流故障自清除能力的柔性直流输电工程。该工程电压等级 ±800 千伏、全长 1452 千米，横跨云南、贵州、广西、广东四省区，总输电容量 800 万千瓦。工程 2020 年正式投运，每年从云南送往广西电力负荷中心和粤港澳大湾区输送绿色清洁水电 330 亿千瓦时。昆柳龙柔性直流输电工程示意见图 7-6。

图 7-6   昆柳龙柔性直流输电工程示意图

中国国家电网有限公司主导开发的"新能源云"平台是全球规模最大的新能源信息监测与咨询服务系统。如图 7-7 所示，"新能源云"创新性形成"地铁图"可视化线上管理模式，为电源项目接网提供一站式全流程线上服务，为新能源规划、建设、并网、生产制造等提供全流程、全环节、全场景数据和专业服务的功能，已于 2021 年 4 月正式上线，为中国国家电网有限公司经营区内超过 330 万座装机容量 6 亿千瓦的全部新能源场站提供运行监测和信息咨询服务。新能源云还设计形成了"碳公信、碳价值、碳研究、碳生态"四大应用体系，推出碳效码、碳金融、碳普惠、碳存证、碳实测等应用场景，荣获 2022 年第四届全球工业互联网融合创新应用典型案例。

图 7-7　中国国家电网有限公司新能源云平台大屏显示图

（二）日本

1. 电力发展基本情况

日本是亚洲经济最发达、人均 GDP 最高的国家，电力发展水平排名全球第 13、亚洲第 3。

日本电力生产消费水平总体较高，用电量近年来呈下降趋势。2017—2022 年，日本总用电量从 1.02 万亿千瓦时下降至 9393 亿千瓦时，年均增速 –1.7%，用电需求下降的主要原因是经济下行导致制造业产能下滑和能效提升；装机总规模从 3.18 亿千瓦增至 3.50 亿千瓦，年均增速 1.9%。2022 年日本人均用电量、人均发电装机容量分别达到 9393 千瓦时、2.78 千瓦，接近全球平均水平的 3 倍。日本计划大力发展新能源汽车和绿氢产业，预计中远期，用电需求将保持小幅增长。

日本经济社会与电力发展基础数据见表7-6，过去5年日本用电量变化情况见图7-8。

表 7-6　　　　　　　　日本经济社会与电力发展基础数据

经济社会数据	数值	电力发展数据	数值
国土面积（万平方千米）	37.8	总装机容量（亿千瓦）	3.50
人口（亿人）	1.26	总用电量（亿千瓦时）	9393
GDP（万亿美元）	4.23	人均发电装机容量（千瓦）	2.78
人均 GDP（万美元）	3.36	人均用电量（千瓦时）	7455
电能占终端能源消费比重	30.0%	电力普及率	100%
清洁能源发电量占比	28.3%	单位用电量碳排放（千克/千瓦时）	0.52

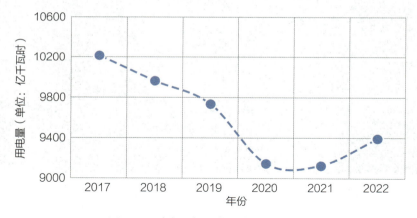

图 7-8　过去 5 年日本用电量变化情况

日本积极推动能源电力多元化，保障能源电力供应安全。日本能源电力供应严重依赖化石能源进口，能源电力供应安全及价格受国际局势严重制约，日本政府一直在谋求能源电力结构多元化。日本提出碳中和发展目标后，大力发展风光等新能源发电，还在近期重启核电。

2017—2022 年，日本清洁能源发电量比重从 19.5% 增至 28.3%，增速接近 9 个百分点；清洁能源装机占比从 36.9% 增至 44.1%，增速超过 7 个百分点。2022 年，日本电能占终端能源消费比重达 30%，高于全球平均水平 9.4 个百分点。过去 5 年日本清洁能源发电量占比变化情况见图 7-9。

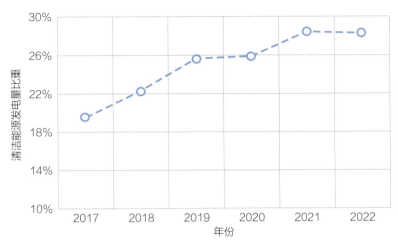

图 7-9　过去 5 年日本清洁能源发电量占比变化情况

2. 电力发展指数测算及分析

根据电力发展指数测算结果，日本电力发展综合指数为 85.1 分，在**电力技术创新和供应保障维度得分相对较高**。电源结构仍以火电为主、电价水平较高，同时 2022 年日本爆发大规模地震导致大规模、长时间供电中断，导致绿色低碳和消费服务专项指数得分较低。未来，**要进一步提升日本电力发展水平，一是继续大力发展新能源**，替代化石能源发电，进一步降低电力系统碳排放水平；二是降低用电成本，加强工业和交通领域电能替代，进一步提升电力消费与服务水平。日本在不同维度上电力发展水平雷达图见图 7-10。

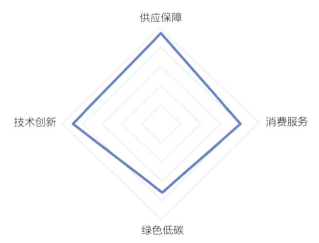

图 7-10　日本在不同维度上电力发展水平雷达图

3. 电力发展先进经验

日本能源以进口为主，重视能源电力可持续发展和能效提升。2020 年 12 月，日本政府设立了 2 万亿日元绿色创新基金，用于未来 10 年投资海上风能、太阳能和燃料氨等新能源领域。在太阳能发电领域，日本政府制定了扶持技术开发政策，吸引非能源产业参与，通过竞争降低零部件、材料的成本，促进太阳能发电产业群的建设；在燃料电池领域，日本将蓄电池确立为战略性产业，大力开拓和发展横向产业群，推进成本持续降低，不断提高产业经济性；由于风力发电和生物质能等受到很高的地域性限性，日本政府支持以当地自产自销为基础的地区经济，开拓与地域特点密切结合的新能源经济。

根据日本政府发布的《2030 年度能源供需展望》和《2050 年碳中和绿色增长战略》，到 2030 年，日本电力领域碳排放总量控制在 2.19 亿吨，比 2013 年减少 62%，光伏装机容量达到 1.04 亿～1.18 亿千瓦，光伏发电量占比达到 14%～16%；海上风电装机容量达到 570 万千瓦，陆上风电装机容量 1790 万千瓦，风电发电量占比达到 5%；水电、地热、生物质能电量比重分别达到 11%、1%、5%。氢能方面，2030 年，氢气和氨气年供应量达到 300 万吨，电解水制氢装机容量达到 1500 万千瓦，氢 - 氨燃料发电量比重达到 1%，气电掺氢率达到 30%，煤电掺氨率达到 20%。到 2050 年，可再生能源在能源消费结构中的占比达到 50%～60%，实现碳中和目标。氢气年供应量达到 2000 万吨，氨气年供应量达到 3000 万吨，氢气（包含氨）成本降至 20 日元 / 立方米（1 元 / 立方米），氢 - 氨燃料发电比重达到 10%。

（三）韩国

韩国作为亚洲发达国家，电力基础设施较为完善，电力生产和消费服务水平较高，近年来重视电力绿色低碳转型和技术创新，电力发展水平排名全球前列。

1. 电力发展基本情况

韩国经济社会与电力发展基础数据见表 7-7。

表 7-7　　　　　　韩国经济社会与电力发展基础数据

经济社会数据	数值	电力发展数据	数值
国土面积（万平方千米）	10.02	总装机容量（亿千瓦）	1.47
人口（万人）	5170	总用电量（亿千瓦时）	5868

续表

经济社会数据	数值	电力发展数据	数值
GDP（万亿美元）	1.67	人均发电装机容量（千瓦）	2.83
人均GDP（万美元）	3.23	人均用电量（万千瓦时）	1.13
电能占终端能源消费比重	25.36%	电力普及率	100%
清洁能源发电量占比	34.9%	单位用电量碳排放（千克/千瓦时）	0.46

　　韩国电力生产消费水平总体较高。2017—2022年，韩国总用电量从5585亿千瓦时增至5868亿千瓦时，年均增速1.91%；装机总规模从1.25亿千瓦增至1.47亿千瓦，年均增速3.2%，疫情后随着经济复苏，电力生产和消费恢复增长。2022年韩国人均用电量、人均发电装机容量分别达到1.13万千瓦时、2.83千瓦，是全球平均水平的3倍左右。过去5年韩国用电量变化情况见图7-11。

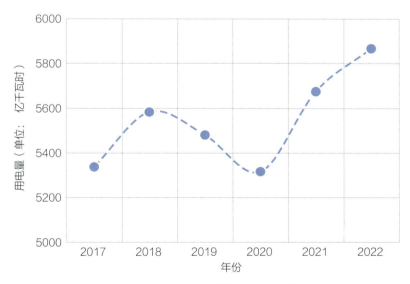

图7-11　过去5年韩国用电量变化情况

　　韩国积极开展电力绿色低碳转型。2017—2022年，韩国清洁能源发电量比重从28.8%增至34.9%，增长6个百分点；清洁能源装机占比从30.9%增至38.5%，增长7.6个百分点。2022年，韩国电能占终端能源消费比重达25.4%，高于全球平均水平5个百分点。过去5年韩国清洁能源发电量占比变化情况见图7-12。

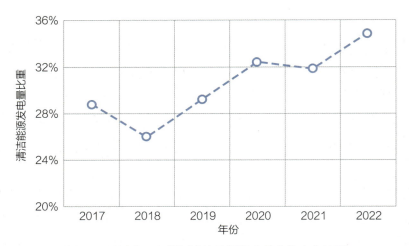

图 7-12　过去 5 年韩国清洁能源发电量占比变化情况

2.　电力发展指数测算及分析

根据电力发展指数测算结果，韩国电力发展综合指数为 86.3 分，各维度发展相对均衡，在电力供应保障、消费服务、技术创新方面均处于全球前列。要进一步提升韩国电力发展水平，应聚焦电力低碳转型，加大新能源开发利用，继续降低化石能源发电比重，减少电力行业碳排放。韩国在不同维度上电力发展水平雷达图见图 7-13。

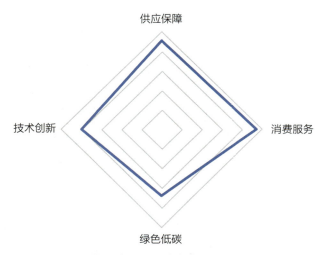

图 7-13　韩国在不同维度上电力发展水平雷达图

3. 电力发展经验

韩国十分重视电力供应安全，供电安全保障措施有很强的借鉴意义。韩国电力系统运行规程规定电力系统备用容量率标准为 22%，属于全球较高水平。为应对新能源波动性对电网安全运行产生的影响，计划 2036 年前投资 29 兆～45 兆韩元，新建 2630 万千瓦备用容量。

根据韩国政府颁布的《第十次长期电力供需基本计划》（简称"新计划"），为保障充足、安全的电力供应，与 2020 年公布的"旧规划"相比，重启新建核电、放缓煤电退役速度，增加燃气电站，调整风电太阳能开发比重、加大风电开发。根据新计划，到 2036 年，韩国核电装机容量将从 2022 年 2470 万千瓦增至 3170 万千瓦，煤电装机容量从 3810 万千瓦降至 2710 万千瓦，燃气发电装机容量从 4130 万千瓦增至 6460 万千瓦，可再生能源发电装机容量从 2920 万千瓦增至 1.08 亿千瓦。

7.2.2 欧洲

（一）瑞典

瑞典是不仅欧洲电力发展指数排名最高的国家，也在全球电力发展指数排名中全球领先，在供应保障、消费服务、绿色低碳和技术创新等电力发展维度上均处于全球领先水平，因此选择瑞典作为欧洲代表性国别进行电力发展情况分析，为欧洲和全球其他国家提供参考借鉴。

1. 电力发展基本情况

瑞典经济社会与电力发展基础数据见表 7-8。

表 7-8 　　　　　　　瑞典经济社会与电力发展基础数据

经济社会数据	数值	电力发展数据	数值
国土面积（万平方千米）	45.03	总装机容量（万千瓦）	5271
人口（万人）	1007	总用电量（亿千瓦时）	1299
GDP（亿美元）	5912	人均发电装机容量（千瓦）	5.1
人均 GDP（万美元）	5.72	人均用电量（万千瓦时）	1.26
电能占终端能源消费比重	33.45%	电力普及率	100%
清洁能源发电量占比	99%	单位用电量碳排放（千克/千瓦时）	0.012

瑞典作为北欧发达国家，能源电力基础设施发展较为成熟完善。受地理位置和气候环境影响，瑞典人均用电水平和人均装机容量全球领先，电力供应保障和消费服务水平较高。瑞典水能、风能等清洁能源资源丰富且发电装机占比高，还拥有 ABB 等电力领域全球领导企业，在电力绿色低碳转型和技术创新领域表现突出。

2017—2022年，瑞典总用电量从1330亿千瓦时降至1299亿千瓦时，年均增速–0.5%，工业疲软、能效提升、气候变暖等多重因素叠加导致用电需求下降；装机总规模从4425万千瓦增至5271万千瓦，年均增速3.6%，略低于全球平均水平。2022年，瑞典人均用电量、人均发电装机容量分别达到1.26万千瓦时、5.1千瓦，是全球平均水平4倍左右。过去5年瑞典用电量变化情况见图7-14。

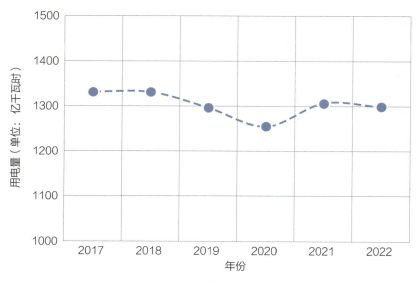

图 7-14　过去 5 年瑞典用电量变化情况

瑞典清洁能源电量占比接近100%。 2017—2022 年，瑞典清洁能源发电量比重从98.5% 进一步提升至 99%，基本上实现了 100% 清洁能源电力系统，主要得益于水电、核电和风电，发电量占比分别达到 42%、29% 和 19%，三者之和占瑞典发电总量的90%；清洁能源装机占比从 83.2% 增至 85.3%，增长约 2 个百分点。2022 年，瑞典电能占终端能源消费比重达 33.5%，高于全球平均水平 13 个百分点，处于全球领先水平，高于大部分 OECD 国家。过去 5 年瑞典清洁能源发电量占比变化情况见图 7-15。

图 7-15　过去 5 年瑞典清洁能源发电量占比变化情况

　　瑞典重视电力互联互通发展，已和北欧西欧多个国家实现互联。瑞典已和挪威、丹麦、芬兰等北欧国家互联，以及德国、波兰、立陶宛等西欧国家实现跨国电网互联。通过电网互联，实现与跨国电力互补互济，并向德国负荷中心送电。瑞典跨国电网互联示意见图 7-16。

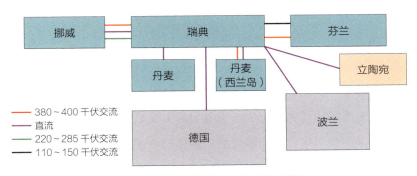

图 7-16　瑞典跨国电网互联示意图

2.　电力发展指数测算及分析

　　根据电力发展指数测算结果，**瑞典电力发展综合指数为 93.9 分，各专项指数得分较为均衡，均位于全球前列。**各项指标中，表现最突出的 2 项指标为清洁能源发电量比重与绿色低碳政策制定及落实情况。未来，**要进一步提升瑞典电力发展水平，应聚焦改善电力消费服务，**如缩短接电时间、降低用电成本等。瑞典在不同维度上电力发展水平雷达图见图 7-17。

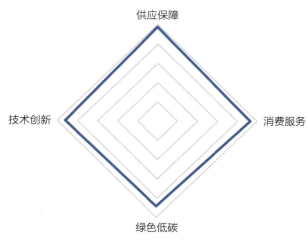

图 7-17　瑞典在不同维度上电力发展水平雷达图

3. 电力发展经验

瑞典在绿色低碳转型和技术创新领域积累了大量先进经验可供全球其他国家参考和借鉴。

立法先行是瑞典能源电力绿色低碳转型发展的显著特点。早在 20 世纪 70 年代，瑞典政府就颁布了一系列强制性法律法规，引导节能减碳行为；1991 年，瑞典开始征收碳税，目前瑞典的碳税价格为欧洲最高，约 1.15 克朗 / 千克（约合 0.88 元 / 千克）；2009 年，瑞典政府出台了《气候与能源联合法案》，明确提出到 2020 年，可再生能源占比不低于 50%，温室气体排放减少 40%，并在 2016 年提前完成目标。为应对气候变化、实现碳减排，瑞典制定了更为宏大的发展目标，计划 2040 年建成 100% 可再生能源电力系统，2045 年前实现温室气体净零排放，2050 年打造全球第一个零化石能源国家。

核电是瑞典实现温室气体净零排放目标的重要抓手。2023 年 11 月，瑞典政府发布核电发展路线图，计划 2045 年前新建 10 台大型核电机组，并对核能相关法律进行了修订，允许在新厂址建设核电机组。

为实现 2040 年建成 100% 可再生能源电力系统的宏伟目标，瑞典能源局与国际可再生能源署（IRENA）共同研究提出了实现 100% 可再生能源电力系统的四大创新解决方案。一是加强技术创新，主要包括大规模电网侧储能、能源互联网、人工智能与大数据、区块链、超级互联电网、P2X 等；二是优化市场机制，包括提升交易频率、创新辅助服务市场、精细化分时电价、分布式电源市场集成等；三是提升系统运行控制能力，包括引入更先进的新能源出力预测模型、分布式电源运营商、虚拟输电线路、加强输配电运营商合作等；四是创新商业模式，主要是引入集成（整合）商。

　　瑞典核电基础设施分布示意见图 7-18。

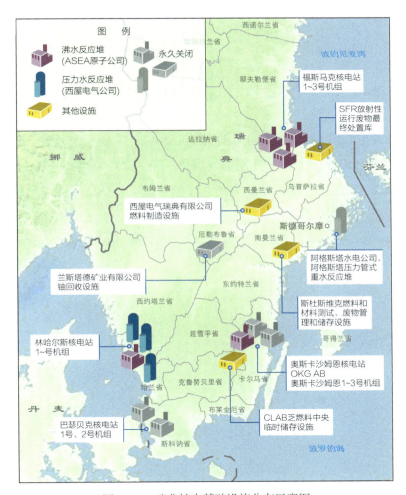

图 7-18　瑞典核电基础设施分布示意图

（二）挪威

1. 电力发展基本情况

　　挪威是全球电力清洁化程度最高的国家，电力发展水平排名全球第二，电力生产和消费水平在欧洲和全球处于领先位置。

　　挪威经济社会与电力发展基础数据见表 7-9。

表 7-9   挪威经济社会与电力发展基础数据

经济社会数据	数值	电力发展数据	数值
国土面积（万平方千米）	32.38	总装机容量（万千瓦）	4054
人口（万人）	536.8	总用电量（亿千瓦时）	1219
GDP（亿美元）	5794	人均发电装机容量（千瓦）	7.55
人均 GDP（万美元）	10.8	人均用电量（万千瓦时）	2.27
电能占终端能源消费比重	47.54%	电力普及率	100%
清洁能源发电量占比	99.5%	单位用电量碳排放（千克/千瓦时）	0.006

挪威人均发电装机与人均用电量全球领先。2017—2022 年，挪威总用电量从 1245 亿千瓦时降至 1219 亿千瓦时，年均增速 –0.43%，用电需求与冬季采暖需求密切相关；装机总规模从 3433 万千瓦增至 4054 万千瓦，年均增速 3.4%，挪威电力生产和消费水平总体保持平稳。2022 年挪威人均用电量、人均发电装机容量分别达到 2.27 万千瓦时、7.55 千瓦，是全球平均水平 7 倍左右。过去 5 年挪威用电量变化情况见图 7-19。

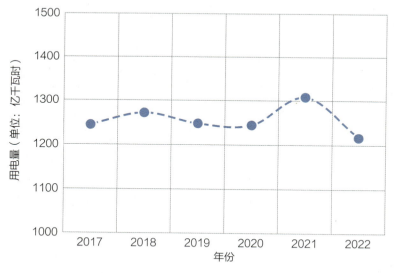

图 7-19 过去 5 年挪威用电量变化情况

挪威已基本建成 100% 清洁电力系统。2017—2022 年，挪威清洁能源发电量比重从 98.1% 进一步增至 99.5%，水电和风电电量比重分别为 89.0%、10.3%；清洁能源装机占比从 96.9% 增至 97.8%，新增装机主要为风电。2022 年，挪威电能占终端能源消费比重达 47.5%，高于全球平均水平 27 个百分点，位居全球第二，仅次于冰岛。过去 5 年挪威清洁能源发电量占比变化情况见图 7-20。

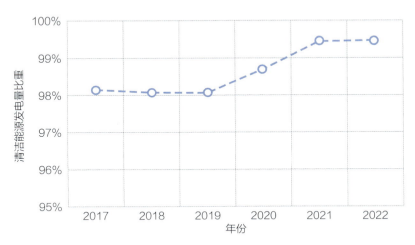

图 7-20　过去 5 年挪威清洁能源发电量占比变化情况

挪威已建成多回跨国电力互联通道，将富裕水电送至欧洲负荷中心。挪威已和瑞典、芬兰、丹麦、俄罗斯、英国、荷兰建成 8 条 110～400 千伏电力互联通道，2022 年挪威外送电力共计 260 亿千瓦时。挪威跨国电网互联示意见图 7-21。

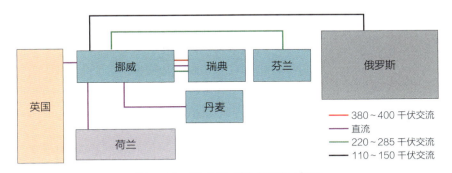

图 7-21　挪威跨国电网互联示意图

2. 电力发展指数测算及分析

根据电力发展指数测算结果，挪威电力发展综合指数为 92.8 分，在电力供应保障、绿色低碳转型、电力技术创新等领域均处于全球领先水平。要进一步提升挪威电力发展水平，可从缩短接电时间，降低用电成本方面入手，进一步提升电力消费服务水平。挪威在不同维度上电力发展水平雷达图见图 7-22。

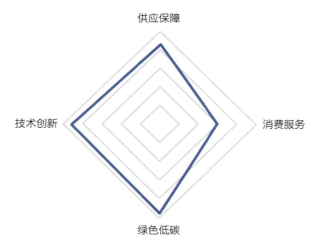

图 7-22   挪威在不同维度上电力发展水平雷达图

3. 电力发展先进经验

北欧先进完善的电力市场是挪威绿色低碳转型成功的关键因素之一。北欧电力市场
（Nord Pool）被誉为全球首个真正意义上跨国的区域电力市场，是欧洲领先的电力市场
交易机构。多年来，市场运行平稳，范围不断扩大，开放共享的交易机制使得北欧各国
资源实现优势互补，在应对季节性能源缺乏、净零碳排放等方面起到重要作用，同时也
确保了区域间电力安全稳定供应。

北欧各国发电结构示意见图 7-23。

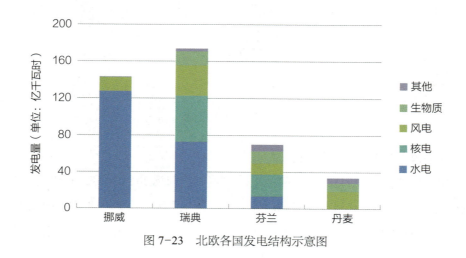

图 7-23   北欧各国发电结构示意图

北欧各国能源资源具有一定的互补特性，挪威以水电为主，丹麦以风电为主，瑞典水电、核电占比较高，芬兰核电、水电、生物质能发电占比较高。水电发电量受降水等天气因素影响波动较大，易引起系统内对输电容量要求的变化，进而导致输电阻塞的产生，该问题在挪威和瑞典表现得尤为突出。跨国跨区电网互联使得各国电力系统的调峰能力更加灵活，既提高了可再生能源的消纳，又减少了不必要的调峰电源建设。通过统一的电力市场，既保证了各个国家清洁能源电力的互补，又为市场的稳定、低价运行提供了保障。北欧作为欧洲可再生能源技术和智能电网建设的领跑者，在灵活的可再生能源整合方面处于世界领先地位，这一切也得益于良好的市场机制。

（三）法国

法国是全球核电技术的领导者，也是欧洲和全球电力发展水平领先的国家，电力发展综合指数排名全球前列。

1. 电力发展基本情况

法国经济社会与电力发展基础数据见表 7-10。

表 7-10　　　　　法国经济社会与电力发展基础数据

经济社会数据	数值	电力发展数据	数值
国土面积（万平方千米）	55.17	总装机容量（亿千瓦）	1.35
人口（万人）	6760	总用电量（亿千瓦时）	4260
GDP（万亿美元）	2.78	人均发电装机容量（千瓦）	2.2
人均 GDP（万美元）	4.1	人均用电量（千瓦时）	6302
电能占终端能源消费比重	24.67%	电力普及率	100%
清洁能源发电量占比	87.9%	单位用电量碳排放（千克/千瓦时）	0.07

法国电力生产消费水平总体较高。2017—2022 年，法国总用电量从 4570 亿千瓦时降至 4260 亿千瓦时，年均增速 -1.4%，受工业产能下降和能源危机造成的电价上涨影响，用电需求持续下降；装机总规模从 1.34 亿千瓦增至 1.35 亿千瓦，基本保持不变。2022 年法国人均用电量、人均发电装机容量分别达到 6302 千瓦时、2.2 千瓦，约为全球平均水平的两倍。过去 5 年法国用电量变化情况见图 7-24。

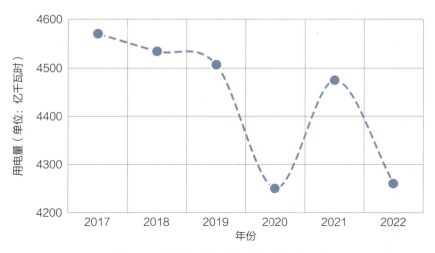

图 7-24   过去 5 年法国用电量变化情况

法国电源结构以核电为主，电力清洁化程度总体较高。2017—2022 年，法国清洁能源发电量比重在 2021 年达到峰值 91%，但 2022 年回落至 87.9%，核电发电量占比 62.5%；清洁能源装机占比从 83.7% 增至 86.3%，增长主要来自风光等新能源装机。2022 年，法国电能占终端能源消费比重达 24.7%，高于全球平均水平 4 个百分点。过去 5 年法国清洁能源发电量占比变化情况见图 7-25。

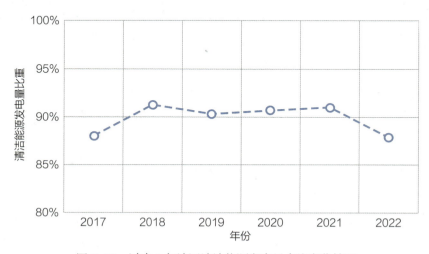

图 7-25   过去 5 年法国清洁能源发电量占比变化情况

法国是欧洲电力出口第一大国。依靠充足的核电，法国长期以来都是欧洲电力出口最多的国家，通过跨国互联线路向周边英国、德国、瑞士、意大利等国输送富裕电力。

2021 年底几个核反应堆出现腐蚀问题，导致 2022 年电力出口出现历史性下降，2023 年重回欧洲第一大电力出口国位置。法国电力净出口规模示意见图 7-26。

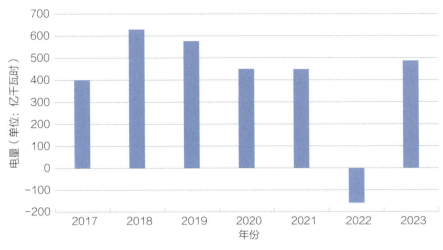

图 7-26 法国电力净出口规模示意图

2. 电力发展指数测算及分析

根据电力发展指数测算结果，法国电力发展综合指数为 91.0 分，**在电力技术创新领域全球领先，在电力供应保障和绿色低碳发展方面也有较高水平**。要进一步提升法国电力发展水平，一是提升电力消费服务水平，缩短接电时间，降低用电成本；二是继续大力发展新能源发电，提升电力清洁化水平并降低用电成本；三是加强工业和交通领域电能替代，提升电能在终端能源消费中的占比。法国在不同维度上电力发展水平雷达图见图 7-27。

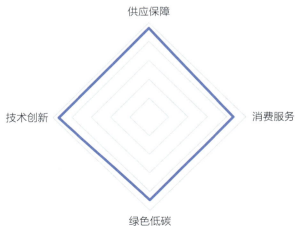

图 7-27 法国在不同维度上电力发展水平雷达图

3. 电力发展经验

法国是世界上核电发展最成熟的国家之一，核电技术全球领先。2022 年，法国核电发电量占比 63%，为法国提供了清洁、低碳、稳定的电力供应。为应对能源危机和气候危机，法国政府决定延长所有核反应堆使用寿命，并在 2050 年前建设 6～14 座新型核反应堆。新的核反应堆将采用法国电力公司（EDF）的改进版本 EPR2，预计每座建造成本约 500 亿欧元。法国也是世界上唯一实行核废料回收和再利用国家，通过核废料循环利用，可节省 30% 的天然铀资源，减少 20% 的核废料产量，提高核能的利用率。

法国重视电力系统数字化智能化发展。法电集团大力推广智能电表，2022 年，法国智能电表数量超过 4000 万枚，较 10 年前增长了上百倍。一方面，海量的数据将助力分析、风险控制、预防性维护，从而开展精准的配网投资；另一方面，有助于配网故障排查、分析诊断、自愈和人工处理，调节发售电的平衡，让生产者和消费者之间有着更加动态灵活的供需匹配。

7.2.3　非洲

（一）埃及

埃及作为非洲第二大经济体，在非洲地区电力发展基础较好，电力普及率 100%，在非洲地区电力发展指数排名最高。近年来，埃及重视新能源开发利用和电力技术创新发展，电力绿色低碳转型势头向好，选择埃及作为非洲代表性国别进行电力发展情况分析，可为非洲其他国家提供参考和借鉴。

1. 电力发展基本情况

埃及经济社会与电力发展基础数据见表 7-11。

表 7-11　　　　　　　　埃及经济社会与电力发展基础数据

经济社会数据	数值	电力发展数据	数值
国土面积（万平方千米）	100.1	总装机容量（万千瓦）	5925
人口（亿人）	1.07	总用电量（亿千瓦时）	1767
GDP（亿美元）	4767.5	人均发电装机容量（千瓦）	0.55
人均 GDP（美元）	4464	人均用电量（千瓦时）	1655
电能占终端能源消费比重	22.8%	电力普及率	100%
清洁能源发电量占比	11.5%	单位用电量碳排放（千克／千瓦时）	0.53

埃及电力基础设施相对完善，人均电力生产消费水平偏低。2017—2022 年，埃及总用电量从 1625 亿千瓦时增至 1767 亿千瓦时，年均增速 1.7%，疫情后增长较快；装机总规模从 4717 万千瓦增至 5925 万千瓦，年均增速 4.7%，略高于全球平均水平。2022 年，埃及人均用电量、人均发电装机容量分别达到 1655 万千瓦时、0.55 千瓦，约为全球平均水平的一半。过去 5 年埃及用电量变化情况见图 7-28。

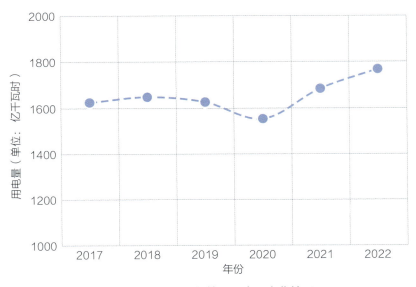

图 7-28　过去 5 年埃及用电量变化情况

埃及电源结构中火电占比高，清洁能源发展尚处于起步阶段。2017—2022 年，埃及清洁能源发电量比重从 8% 提升至 11.5%，电源结构中天然气发电仍占据绝对主导地位；清洁能源装机占比从 8.1% 增至 10.6%，清洁能源电量与装机增速均低于全球平均水平。2022 年，埃及电能占终端能源消费比重达 22.8%，高于全球平均水平 2 个百分点，是非洲平均水平的 2 倍以上。过去 5 年埃及清洁能源发电量占比变化情况见图 7-29。

2. 电力发展指数测算及分析

根据电力发展指数测算结果，埃及电力发展综合指数为 73.0 分，约为全球平均水平，技术创新专项指数得分相对较高。燃气发电在电源结构中占据绝对主导地位，人均用电水平相对较低，消费服务和绿色低碳专项指数得分较低。未来，要提升埃及电力发展水平，应聚焦改善电力消费服务水平和加快电力清洁低碳转型。一是，提升偏远地区中低收入人群电力消费水平；二是，加快推动工业和交通领域电能替代，提升电气化水

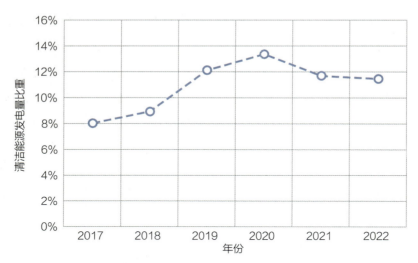

图 7-29　过去 5 年埃及清洁能源发电量占比变化情况

平，降低化石能源消费；三是，加大新能源开发力度，加快电力清洁低碳转型。埃及在不同维度上电力发展水平雷达图见图 7-30。

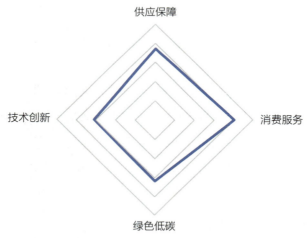

图 7-30　埃及在不同维度上电力发展水平雷达图

3. 电力发展经验

埃及重视电力供应保障，多措并举稳定电力供应。近年来，埃及出台了多项政策措施，提升电力供应保障水平，缓解用电紧张，电力供应保障水平在非洲地区处于绝对领先地位。埃及提升电力供应保障能力的措施包括新建输电线路，建立和发展配电网控制中心，实施农村电网改造，新建和改扩建电厂，推进电网数字化转型等。埃及还颁布了《可再生能源法》，并修改《电力法》，鼓励发展太阳能、风电。根据世界银行"获得电力"最新统计数据，埃及户均停电时间为 119.4 分钟，约为非洲平均水平的 1/20。

埃及重视能源电力技术创新，正大力推进电氢协同发展。埃及目标发展成为西亚北非地区绿电与绿氢生产中心。在联合国气候变化框架公约第 27 次缔约方会议（COP27）上，埃及作为东道主，发布了与欧洲复兴开发银行（EBRD）合作编写的《国家绿氢战略》，发布了《欧盟—埃及可再生氢能伙伴关系联合声明》，与多国签署了十余份在苏伊士运河经济区（SCZone）建设绿氢工厂的谅解备忘录，并由埃及电力和可再生能源部长宣布 2022 年为埃及的绿氢年。为满足苏伊士运河经济区绿氢生产的电力供应，埃及计划沿尼罗河两侧建设大型风电和太阳能发电基地，利用高压直流或柔性直流输电技术，将中部和南部新能源电力送至苏伊士负荷中心。

中埃能源合作的埃及穿越戈壁的 EETC 500 千伏输电线路示意见图 7-31，埃及向苏伊士绿氢工业园区供电的"绿色走廊"示意见图 7-32。

图 7-31　中埃能源合作的埃及穿越戈壁的 EETC 500 千伏输电线路示意图

图 7-32   埃及向苏伊士绿氢工业园区供电的"绿色走廊"示意图

（二）南非

南非是非洲第三大经济体，也是非洲经济发达程度最高的国家，人均 GDP 达到 6460 美元，接近全球平均水平的 2 倍，电力发展在非洲处于领先水平。

1. 电力发展基本情况

南非经济社会与电力发展基础数据见表 7-12。

表 7-12   南非经济社会与电力发展基础数据

经济社会数据	数值	电力发展数据	数值
国土面积（万平方千米）	121.9	总装机容量（万千瓦）	6341

经济社会数据	数值	电力发展数据	数值
人口（万人）	6274	总用电量（亿千瓦时）	2006
GDP（亿美元）	4052.7	人均发电装机容量（千瓦）	1.01
人均 GDP（美元）	6460	人均用电量（千瓦时）	3197
电能占终端能源消费比重	26.99%	电力普及率	89.3%
清洁能源发电量占比	12.2%	单位用电量碳排放（千克 / 千瓦时）	0.95

　　南非人均电力生产与消费水平在非洲处于领先，但近年来电力供应对经济社会发展支撑不足。2017—2022 年，南非总用电量从 2219 亿千瓦时降至 2006 亿千瓦时，年均增速 –2.0%，用电需求下降的主要原因是火电机组老旧、电源可靠出力低，导致供电能力不足且供电可靠性差；装机总规模从 5375 万千瓦增至 6341 万千瓦，年均增速 3.4%。2022 年南非人均用电量、人均发电装机容量分别达到 3197 千瓦时、1.01 千瓦，略低于全球平均水平。南非人均 GDP 是全球平均水平的 2 倍，但电力生产能力和消费水平低于全球平均水平，电力生产能力无法支撑经济社会发展需要。过去 5 年南非用电量变化情况见图 7-33。

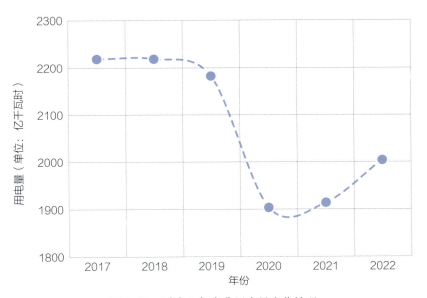

图 7-33　过去 5 年南非用电量变化情况

南非电源结构中煤电仍占据主导地位。2017—2022 年，南非清洁能源发电量比重从 9.4% 增至 12.2%，增长不足 3 个百分点；清洁能源装机占比从 20.7% 增至 23.7%，增长 3 个百分点。2022 年，南非电能占终端能源消费比重达 27%，高于全球平均水平 6.4 个百分点，领先于非洲其他国家，是非洲平均水平的 2.5 倍。过去 5 年南非清洁能源发电量占比变化情况见图 7-34。

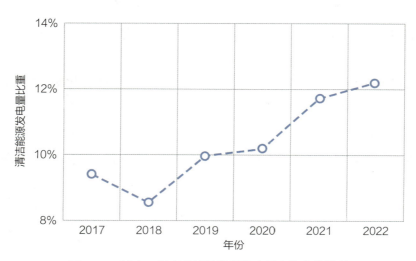

图 7-34   过去 5 年南非清洁能源发电量占比变化情况

2. 电力发展指数测算及分析

根据电力发展指数测算结果，**南非电力发展综合指数为 68.2 分，在电力技术创新方面得分相对较高**。由于发电设备老旧且故障频发、有效出力低，电力供应保障专项指数得分较低；电源结构仍以煤电为主，绿色低碳专项指数得分也相对较低。未来，**要进一步提升南非电力发展水平**，一是大力提升电力供应和保障能力，多措并举缓解电力供应紧张局面，加大对老旧机组改造，加快新建电源和输电线路；二是大力发展新能源发电，减少对煤电的过度依赖，提升电力清洁化水平，减少碳排放。南非在不同维度上电力发展水平雷达图见图 7-35。

3. 电力发展经验启示

近年来，南非面临严重的停限电事故，引起全球广泛关注，南非政府制定了一系列措施，缓解电力供应保障压力。2022 年，受供电基础设施老化等因素影响，南非全国非计划性停限电负荷 1800 万千瓦，造成的直接经济损失高达 1.25 亿兰特（700 万美元）。为解

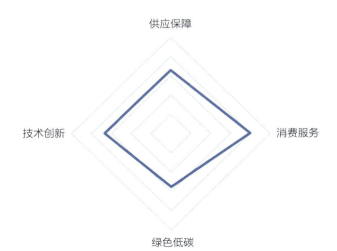

图 7-35　南非在不同维度上电力发展水平雷达图

决南非电力供应保障能力不足问题，南非电力部组建了特别行动小组，一是对南非电力公司（Eskom）下属发电设备进行升级改造；二是新增发电装机容量；三是加强需求侧管理。

7.2.4　中南美洲

（一）智利

智利作为中南美洲地区发达国家之一，电力基础设施较为完善，重视电力绿色低碳转型发展，是中南美洲电力发展指数排名最高的国家，人均发电装机和人均用电量水平在中南美洲地区仅次于波多黎各。选择智利作为中南美洲代表性国别进行电力发展情况分析，可为中南美洲其他国家电力发展提供参考和借鉴。

1. 电力发展基本情况

智利经济社会与电力发展基础数据见表 7-13。

表 7-13　　　　智利经济社会与电力发展基础数据

经济社会数据	数值	电力发展数据	数值
国土面积（万平方千米）	75.6	总装机容量（万千瓦）	3560
人口（万人）	1950	总用电量（亿千瓦时）	866
GDP（亿美元）	3010	人均发电装机容量（千瓦）	1.83

续表

经济社会数据	数值	电力发展数据	数值
人均 GDP（万美元）	1.54	人均用电量（千瓦时）	4442
电能占终端能源消费比重	23.9%	电力普及率	100%
清洁能源发电量占比	56.6%	单位用电量碳排放（千克/千瓦时）	0.33

　　智利电力生产消费高于全球平均水平。2017—2022 年，智利总用电量从 747 亿千瓦时增至 866 亿千瓦时，年均增速 3.0%；装机总规模从 2673 万千瓦增至 3560 万千瓦，年均增速 5.9%，高于全球平均水平。2022 年，智利人均用电量、人均发电装机容量分别达到 4442 千瓦时、1.83 千瓦，是全球平均水平的 1.3～1.7 倍。过去 5 年智利用电量变化情况见图 7-36。

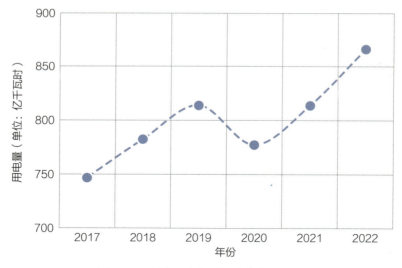

图 7-36　过去 5 年智利用电量变化情况

　　智利已形成清洁能源占主导的电源结构。2017—2022 年，智利清洁能源发电量比重从 43.5% 提升至 56.6%，增长了 13 个百分点；清洁能源装机占比从 38.3% 增至 50.1%，增长了近 12 个百分点。2022 年，智利电能占终端能源消费比重达 23.9%，高于全球平均水平 3.3 个百分点。过去 5 年智利清洁能源发电量占比变化情况见图 7-37。

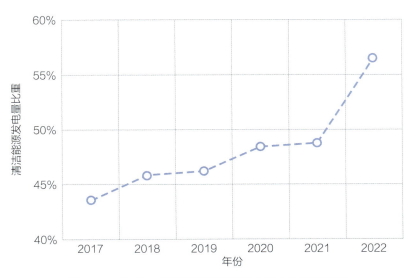

图 7-37　过去 5 年智利清洁能源发电量占比变化情况

2. 电力发展指数测算及分析

根据电力发展指数测算结果，**智利电力发展综合指数为 82.7 分，在技术创新、绿色低碳专项指数上得分较高。** 电价较高、户均停电时间较长、电网损耗相对较大，导致消费服务指数得分较低。未来，智利要进一步提升电力发展水平，一是加快工业、交通、居民生活等领域电能替代，减少化石能源消费利用，提升电力消费水平；二是持续推进太阳能风电等新能源发展，进一步降低电力行业碳排放。智利在不同维度上电力发展水平雷达图见图 7-38。

图 7-38　智利在不同维度上电力发展水平雷达图

3. 电力发展经验

智利重视新能源发展，是中南美洲地区率先在荒漠化地区开发大规模新能源基地的国家。2022 年 6 月，智利电力公司 AME 与法国电力集团 EDF 合资在智利北部的阿塔卡马沙漠建造 CEME1 太阳能光伏电站，项目由中国电建华东院承建，占地 435 公顷，总装机容量 48 万千瓦。项目已于 2024 年 1 月投产，是目前智利最大的太阳能电站，如图 7-39 所示。

图 7-39　智利阿塔卡马沙漠 CEME1 光伏项目示意图

（二）巴西

巴西是中南美洲第一大经济体，也是中南美洲国土面积最大、人口最多的国家，电力发展水平排名全球前 50。

1. 电力发展基本情况

巴西经济社会与电力发展基础数据见表 7-14。

表 7-14　　　　　　　巴西经济社会与电力发展基础数据

经济社会数据	数值	电力发展数据	数值
国土面积（万平方千米）	851.6	总装机容量（亿千瓦）	2.2
人口（亿人）	2.16	总用电量（亿千瓦时）	5832
GDP（万亿美元）	1.92	人均发电装机容量（千瓦）	1.02
人均 GDP（美元）	8872	人均用电量（千瓦时）	2695
电能占终端能源消费比重	20.39%	电力普及率	99.5%
清洁能源发电量占比	90.1%	单位用电量碳排放（千克／千瓦时）	0.06

　　巴西电力生产和消费呈现持续上升趋势。2017—2022 年，巴西总用电量从 5334 亿千瓦时增至 5832 亿千瓦时，年均增速 1.8%；装机总规模从 1.72 亿千瓦增至 2.2 亿千瓦，年均增速 5.1%，超过全球平均水平，电力生产和消费在疫情后稳步增长。2022 年巴西人均用电量、人均发电装机容量分别达到 2695 千瓦时、1.02 千瓦，略低于全球平均水平。过去 5 年巴西用电量变化情况见图 7-40。

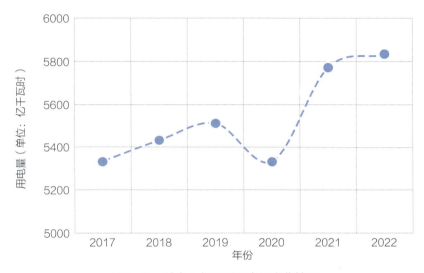

图 7-40　过去 5 年巴西用电量变化情况

　　巴西水电资源十分丰富，水电在电源结构中占主导地位。2017—2022 年，巴西清洁能源发电量比重从 81.4% 增至 90.1%，增长接近 10 个百分点，巴西水电、风电、太阳能发电量比重分别为 63.3%、12.1%、4.0%；清洁能源装机占比从 75.7% 增至 80.4%，增长接近 5 个百分点。2022 年，巴西电能占终端能源消费比重达 20.4%，约为全球平均水平。过去 5 年巴西清洁能源发电量占比变化情况见图 7-41。

　　巴西已建成全国互联电网，并形成远距离大容量北电南送的电力输送格局。巴西输电网由国家互联电网（SIN）和若干独立小网共同构成，SIN 负责为全国 99.9% 的用户输送电力，电压等级为 138～750 千伏，电力输送能力达到 1.8 亿千瓦。截至 2022 年，SIN 输电线路总长度 18.3 万千米，其中 230 千伏和 500 千伏占比分别为 37.44% 和 39.06%。巴西东南部沿海地区是巴西人口最稠密的区域也是巴西电力负荷中心，巴西已建成多回直流输电通道，将北部亚马孙河流域水电送至东南部圣保罗、里约热内卢等负荷中心。巴西输电网示意见图 7-42。

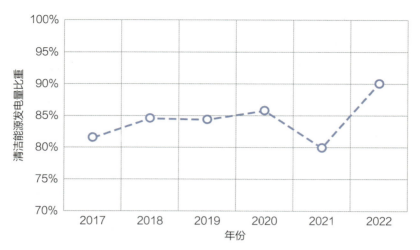

图 7-41 过去 5 年巴西清洁能源发电量占比变化情况

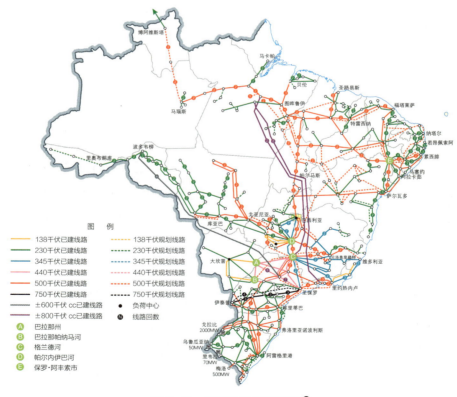

图 7-42 巴西输电网示意图 ❶

---

❶ 图片引自 https://ri.taesa.com.br/en/taesa/transmission-sector/.

2. 电力发展指数测算及分析

根据电力发展指数测算结果，**巴西电力发展综合指数为76.1分，在技术创新和绿色低碳方面得分较高**。2022年，巴西南部大风降雨天气导致18万户家庭断电，同时巴西人均装机低于全球平均水平，导致供应保障专项指数得分较低；巴西电价水平较高、接电时间较长、户均停电时间较长，导致消费服务专项指数得分也相对较低。**在电力供应保障和消费服务方面得分相对较低**。未来，要进一步提升巴西电力发展水平，一是加强电源与电网基础设施建设，提升电力供应保障能力和居民电力消费水平；二是缩短接电时间、提升供电可靠性，提升供电服务水平；三是加强工业和交通领域电能替代，提升电能在终端能源消费中的占比，进一步降低化石能源消费。巴西在不同维度上电力发展水平雷达图见图7-43。

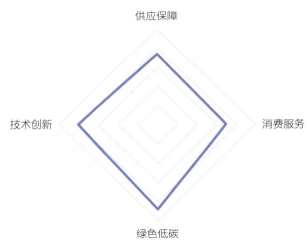

图 7-43 巴西在不同维度上电力发展水平雷达图

3. 电力发展经验

巴西幅员辽阔，80%的用电负荷集中在南部和东南部发达地区，而电源中心则位于北部亚马孙河流域，南北跨度超过2000千米。为解决大规模远距离输电问题，巴西致力于输电技术创新应用，引进了中国自主研发的特高压输电技术，打造了一条贯穿南北的"电力高速公路"，将北部大规模水电输送至南部和东南部负荷中心。

巴西美丽山水电站是巴西第二大水电站，总装机容量1100万千瓦。中国国家电网有限公司共建设了两条特高压直流输电线路（见图7-44），线路长度分别为2084千米

图 7-44   巴西美丽山项目一期、二期特高压输电工程示意图

和 2539 千米，输电能力合计 800 万千瓦，满足圣保罗、里约热内卢等核心地区 2200 万
人用电需求，并为巴西创造了 2.5 万个就业岗位，有力带动了巴西经济社会发展。

7.2.5　北美洲

（一）加拿大

　　加拿大不仅是北美洲地区电力清洁化程度最高的国家，也是人均发电装机和人均用
电量水平最高的国家，选择加拿大作为北美洲代表性国别进行电力发展情况分析，可为
北美洲及全球其他国家电力发展提供参考和借鉴。

1.　电力发展基本情况

　　加拿大经济社会与电力发展基础数据见表 7-15。

表 7-15　　　　　　加拿大经济社会与电力发展基础数据

经济社会数据	数值	电力发展数据	数值
国土面积（万平方千米）	998.5	总装机容量（亿千瓦）	1.59
人口（万人）	3812	总用电量（亿千瓦时）	5532.6
GDP（亿美元）	2.14	人均发电装机容量（千瓦）	4.17
人均 GDP（万美元）	5.61	人均用电量（万千瓦时）	1.45
电能占终端能源消费比重	23.6%	电力普及率	100%
清洁能源发电量占比	82.8%	单位用电量碳排放（千克／千瓦时）	0.13

　　加拿大电力生产消费水平全球领先。2017—2022 年，加拿大总用电量从 5512 亿千瓦时增至 5532.6 亿千瓦时，年均增速仅 0.1%；装机总规模从 1.50 亿千瓦增至 1.59 亿千瓦，年均增速 1.2%。2022 年，加拿大人均用电量、人均发电装机容量分别达到 1.45 万千瓦时、4.17 千瓦，约为全球平均水平的 4 倍。过去 5 年加拿大用电量变化情况见图 7-45。

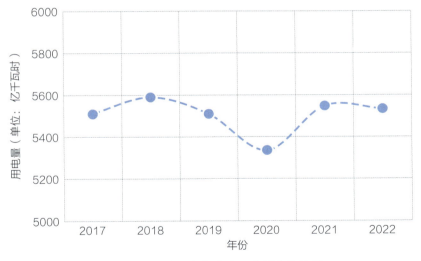

图 7-45　过去 5 年加拿大用电量变化情况

　　加拿大已建成清洁能源主导的电力系统。2017—2022 年，加拿大清洁能源发电量比重从 82.1% 进一步提升至 82.8%，水电、核电和风电，发电量占比分别达到 62%、13% 和 6%，三者之和占加拿大发电总量的 81%；清洁能源装机占比从 75.1% 微增至 75.2%。2022 年，加拿大电能占终端能源消费比重达 23.6%，高于全球平均水平 3 个百分点。过去 5 年加拿大清洁能源发电量占比变化情况见图 7-46。

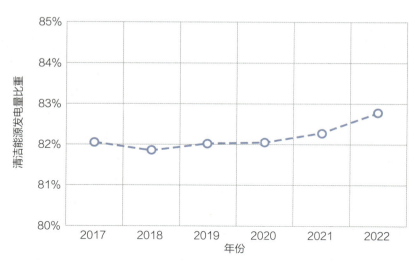

图 7-46   过去 5 年加拿大清洁能源发电量占比变化情况

加拿大重视跨国电力互联互通，与美国建成北美互联电网。加拿大新不伦瑞克省、魁北克省、安大略省、马尼托巴省、萨斯喀彻温省、不列颠哥伦比亚省和美国之间南北联络线超过 100 条，电力交换能力高达 2000 万千瓦。加拿大、美国本土电网互联示意见图 7-47。

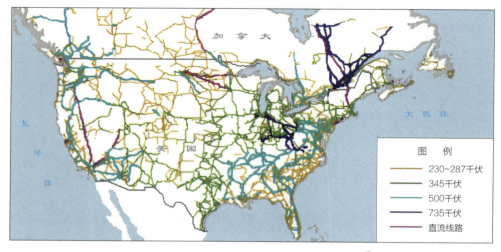

图 7-47   加拿大、美国本土电网互联示意图 ❶

---

❶ 图片引自 https://www.eia.gov/todayinenergy/detail.php?id=8930.

2. 电力发展指数测算及分析

根据电力发展指数测算结果，加拿大电力发展综合指数为91.7分，各专项指数得分也处于全球前列。未来，要进一步提升加拿大电力发展水平，一是继续加大风电等新能源开发，替代剩余化石能源发电；二是提升电能在终端能源消费中的比重，减少化石能源消费，助力能源系统低碳转型。加拿大在不同维度上电力发展水平雷达图见图7-48。

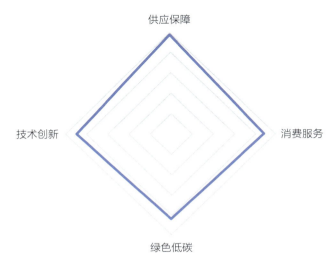

图 7-48 加拿大在不同维度上电力发展水平雷达图

3. 电力发展经验

加拿大重视能源电力绿色低碳转型发展，计划大力发展风电补充煤电退役造成的电力需求缺口。2021年，加拿大共规划了31个风电项目，其中规模最大的为雅茅斯海上风电项目，计划装机容量500万千瓦，距新斯科舍省（Nova Scotia）雅茅斯海岸20千米，深度范围为44～60米，风速为10米/秒，项目预计于2025年招标。新斯科舍省（Nova Scotia）还在2023年宣布建设加拿大第一个海上风电项目，该项目总装机容量40万千瓦，距离新斯科舍省戈德堡海岸20～30千米处。新斯科舍省海上风电示意见图7-49。

依托电力互联互通，实现电力资源大范围优化配置。加拿大电源结构以水电为主，最高负荷出现在冬季，美国电源结构以火电为主，最高负荷出现在夏季，加拿大丰富的水电资源与美国大量燃煤火电之间形成良好的互补调节。加拿大依托于美国电力互联通道，在向美国出口低成本水电的同时，也在用电低谷（夜间）进口美国的廉价煤电，用以节约水电资源，在用电高峰向美国出口。

图 7-49　新斯科舍省海上风电示意图

（二）美国

1. 电力发展基本情况

美国是北美洲国土面积最大、人口最多的国家，也是北美洲和全球经济最发达的国家，GDP 总量 25.44 万亿美元，约占全球经济总量的 1/4，人均 GDP 约 7.6 万美元，是全球平均水平的 38 倍，电力发展水平排名全球第 19 位。

美国经济社会与电力发展基础数据见表 7-16。

表 7-16　　　　　　　美国经济社会与电力发展基础数据

经济社会数据	数值	电力发展数据	数值
国土面积（万平方千米）	983.4	总装机容量（亿千瓦）	12.01
人口（亿人）	3.33	总用电量（万亿千瓦时）	4.13
GDP（万亿美元）	25.44	人均发电装机容量（千瓦）	3.61
人均 GDP（万美元）	7.64	人均用电量（万千瓦时）	1.24
电能占终端能源消费比重	21.43%	电力普及率	100%
清洁能源发电量占比	40.5%	单位用电量碳排放（千克/千瓦时）	0.38

美国用电需求随经济复苏呈现增长态势。2017—2022 年，美国总用电量从 3.89 万亿千瓦时增至 4.13 万亿千瓦时，年均增速 1.2%；装机总规模从 11.01 亿千瓦增至 12.01 亿千瓦，年均增速 1.8%，疫情后随着经济复苏，电力生产和消费于持续增长。2022 年美国人均用电量、人均发电装机容量分别达到 1.24 万千瓦时、3.61 千瓦，是全球平均水平的 3~4 倍。过去 5 年美国用电量变化情况见图 7-50。

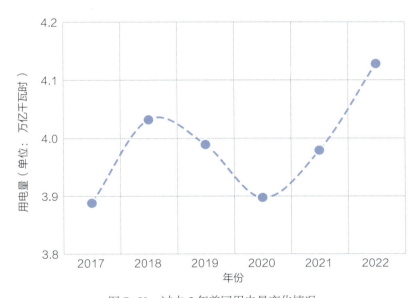

图 7-50　过去 5 年美国用电量变化情况

美国清洁能源发电量占比不断提升。2017—2022 年，美国清洁能源发电量比重从 37.5% 增至 40.5%，增速达到 3 个百分点；清洁能源装机占比从 32.0% 增至 39.7%，增速达到 7.7 个百分点。2022 年，美国电能占终端能源消费比重达 21.4%，略高于全球平均水平。过去 5 年美国清洁能源发电量占比变化情况见图 7-51。

美国已形成三大主要互联电网，并跨国与墨西哥、加拿大联网。美国已形成东部电网、西部电网和得州互联电网三大交流互联电网，输送电压等级为 115~765 千伏。美国与加拿大共有 35 条联络线，从加拿大受入廉价水电，总输送容量约 2000 万千瓦；与墨西哥之间共有 11 条联络线，为墨西哥送电，总输送容量约 159 万千瓦。

2. 电力发展指数测算及分析

根据电力发展指数测算结果，美国电力发展综合指数为 84.0 分，电力技术创新专项指数得分全球领先。受极端天气影响，美国 2022 年出现了较大规模停限电事故，故

图 7-51　过去 5 年美国清洁能源发电量占比变化情况

障时段电价畸高，影响了电力供应保障和消费服务指数得分；部分独立运营商为了确保系统运行安全，减缓了新能源项目并网进度，也影响了绿色低碳发展。**未来，要进一步提升美国电力发展水平，一是**要加快输电网建设，提升电网输电能力，缩短新能源项目排队时间，加速电力低碳转型；**二是**提升电力系统韧性，加强电力系统应对极端天气的电力供应保障能力；**三是**降低用电成本、缩短接电时间、提升供电可靠性，提升电力消费服务水平；**四是**加强工业和交通领域电能替代，减少化石能源消费，降低碳排放。美国在不同维度上电力发展水平雷达图见图 7-52。

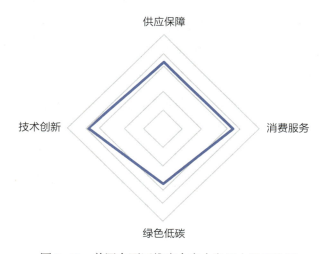

图 7-52　美国在不同维度上电力发展水平雷达图

3. 电力发展先进经验

近年来，美国电力行业借助人工智能技术开展了一系列探索和实践。人工智能技术在美国电力系统的主流应用有六个方面，分别是状态估计、潮流计算、电压与频率控制、故障识别、系统预测和市场分析。人工智能参与系统预测的应用在美国较为广泛，包括对风力发电的预测、太阳能发电的预测和对负荷进行预测。美国电力市场还利用人工智能开展价格预测研究，通过强化学习模拟市场博弈活动，对市场平衡进行分析，并对新型市场设计进行评估。加州的储能系统已经开始使用机器学习等人工智能技术来设定市场参与策略。人工智能在储能领域的另一项应用就是电池管理，即对电池的电量，阻抗，与温度状态进行诊断，对电池老化情况进行预测，这将有助于提升储能系统的安全性和经济性。

7.2.6　大洋洲

（一）澳大利亚

澳大利亚是大洋洲面积最大、人口最多、经济最发达的国家，澳大利亚在电力基础设施较为完善，重视电力技术创新和电力绿色低碳转型，在亚太地区电力发展与合作中发挥着至关重要的作用。澳大利亚电力发展水平较高，选择澳大利亚作为大洋洲代表性国别进行电力发展情况分析，能够为亚太地区和全球其他国家提供参考和借鉴。

1. 电力发展基本情况

澳大利亚经济社会与电力发展基础数据见表 7-17。

表 7-17　　　　澳大利亚经济社会与电力发展基础数据

经济社会数据	数值	电力发展数据	数值
国土面积（万平方千米）	769.2	总装机容量（亿千瓦）	1.01
人口（万人）	2580	总用电量（亿千瓦时）	2500
GDP（万亿美元）	1.69	人均发电装机容量（千瓦）	3.93
人均 GDP（万美元）	6.55	人均用电量（千瓦时）	9690
电能占终端能源消费比重	23.6%	电力普及率	100%
清洁能源发电量占比	34.5%	单位用电量碳排放（千克／千瓦时）	0.56

　　澳大利亚电力基础设施完善，人均电力生产和消费水平高。2017—2022 年，澳大利亚总用电量从 2437 亿千瓦时增至 2500 亿千瓦时，基本保持恒定；装机总规模从 7432 万千瓦增至 1.01 亿千瓦，年均增速 6.4%，高于全球平均水平。2022 年，澳大利亚人均用电量、人均发电装机容量分别达到 9690 千瓦时、3.93 千瓦，是全球平均水平的 3 倍左右。过去 5 年澳大利亚用电量变化情况见图 7-53。

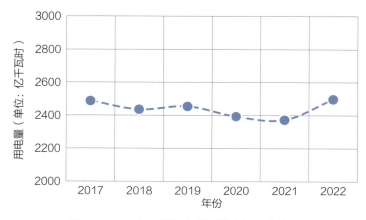

图 7-53　过去 5 年澳大利亚用电量变化情况

　　澳大利亚清洁能源发电发展较快。2017—2022 年，澳大利亚清洁能源发电量比重从 16% 提升至 34.5%，占比增长超过一倍；清洁能源装机占比从 31.1% 增至 47.5%，增长了 16 个百分点。2022 年，澳大利亚电能占终端能源消费比重达 23.6%，高于全球平均水平 3 个百分点。过去 5 年澳大利亚清洁能源发电量占比变化情况见图 7-54。

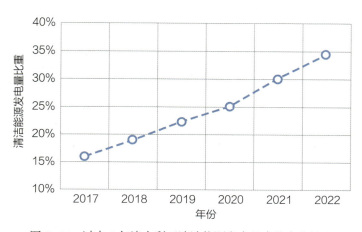

图 7-54　过去 5 年澳大利亚清洁能源发电量占比变化情况

2. 电力发展指数测算及分析

根据电力发展指数测算结果，**澳大利亚电力发展综合指数为 84.0 分，技术创新和供应保障专项指数得分相对较高。**由于澳大利亚水电资源相对较少，尽管新能源特别是光伏发展迅猛，但清洁能源电量占比仍低于新西兰和许多中南美洲、北欧和北美洲国家，在绿色低碳专项指标得分上并不占优势。**未来，澳大利亚要进一步提升电力发展水平，**一是要继续大力发展太阳能和风电，加速电力清洁低碳转型；二是缩短接电时间，降低用电成本，提升供电可靠性，多措并举提升电力消费服务水平；三是加快山火、暴雨等极端天气条件下，提高电网韧性的新技术研究，进一步提升电力供应保障水平。澳大利亚在不同维度上电力发展水平雷达图见图 7-55。

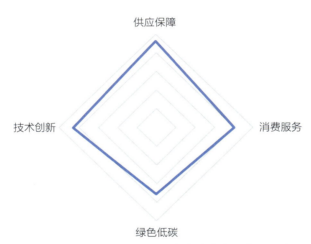

图 7-55　澳大利亚在不同维度上电力发展水平雷达图

3. 电力发展经验

澳大利亚太阳能发电发展较快。2022 年，澳大利亚集中式、分布式光伏装机分别达到 1100 万、2000 万千瓦，发电量占比达到 13%，超过风电，是目前澳大利亚第三大主力电源。澳大利亚分布式光伏主要为屋顶光伏，澳大利亚各州政府都出台了相应的优惠政策，截至 2022 年底，澳大利亚接近 1/3 的家庭安装了屋顶光伏，商业建筑的屋顶光伏也在快速增长，目前澳大利亚屋顶光伏单位成本已下降至 1000 美元 / 千瓦以内。澳大利亚屋顶光伏俯视图见图 7-56。

澳大利亚积极探索电力创新技术应用，目标提升新能源发电消纳能力，助力实现碳中和。澳大利亚政府在 2020 年提出到 2030 年前投资 130 亿美元资金用于电力技术创新。

图 7-56　澳大利亚屋顶光伏俯视图

澳大利亚目前重点关注的电力创新相关技术包括绿氢、储能和碳捕集与封存（CCS）。

　　澳大利亚十分重视储能技术在电力系统中的应用。2022 年底，澳大利亚共有 19 个大规模电网侧储能在建项目，储能容量高达 140 万千瓦 /200 万千瓦时，2023 年大规模储能项目达到 27 个，容量创纪录达到 500 万千瓦 /1100 万千瓦时。澳大利亚最大的储能项目是位于新南威尔士州的 Waratah 超级电池项目，储能规模达到 85 万千瓦 /168 万千瓦时，总投资 1 亿澳元，计划于 2025 年投产，效果图见图 7-57。

图 7-57　新南威尔士州 Waratah 超级电池储能系统效果图

（二）新西兰

1. 电力发展基本情况

新西兰是大洋洲清洁能源发电比重最高的国家，也是大洋洲电力发展指数得分最高的国家，在全球电力发展指数排名第 12。

新西兰经济社会与电力发展基础数据见表 7-18。

表 7-18　　　　　　　　　　新西兰经济社会与电力发展基础数据

经济社会数据	数值	电力发展数据	数值
国土面积（万平方千米）	27.05	总装机容量（万千瓦）	1041.2
人口（万人）	507	总用电量（亿千瓦时）	414.7
GDP（亿美元）	2481	人均发电装机容量（千瓦）	2.05
人均 GDP（万美元）	4.89	人均用电量（千瓦时）	8179
电能占终端能源消费比重	25.0%	电力普及率	100%
清洁能源发电量占比	86.8%	单位用电量碳排放（千克/千瓦时）	0.07

新西兰电力生产消费总体保持平稳。2017—2022 年，新西兰总用电量从 408.1 亿千瓦时增至 414.7 亿千瓦时，年均增速 0.32%，疫情后随经济复苏，用电需求缓慢增长；装机总规模从 978.9 万千瓦增至 1041.2 万千瓦，年均增速 1.2%，疫情后新能源装机增长较快。2022 年新西兰人均用电量、人均发电装机容量分别达到 8179 千瓦时、2.05 千瓦，约为全球平均水平的 2～3 倍。过去 5 年新西兰用电量变化情况见图 7-58。

新西兰水电资源十分丰富，清洁能源发电占比高。2017—2022 年，新西兰清洁能源发电量比重从 81.2% 增至 86.8%，增速达到 5.6 个百分点；清洁能源装机占比从 77.1% 增至 77.5%，新建新能源装机并加快火电退役。2022 年，新西兰电能占终端能源消费比重达 25.0%，高于全球平均水平 4.4 个百分点。过去 5 年新西兰清洁能源发电量占比变化情况见图 7-59。

2. 电力发展指数测算及分析

根据电力发展指数测算结果，新西兰电力发展综合指数为 67.5 分，在电力供应保障、绿色低碳转型、技术创新方面得分均较高。在电力消费服务专项指数上得分相对较

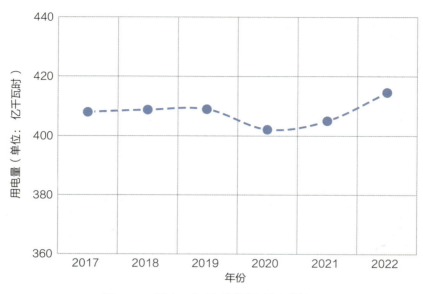

图 7-58　过去 5 年新西兰用电量变化情况

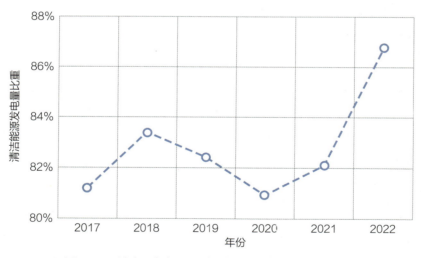

图 7-59　过去 5 年新西兰清洁能源发电量占比变化情况

低，主要原因是电价水平高、接电时间较长、天气原因造成的户均停电时间较长等。**未来，要进一步提升新西兰电力发展水平**，应聚焦提升电力消费服务水平，包括降低用电成本、缩短接电时间、提升供电可靠性等。新西兰在不同维度上电力发展水平雷达图见图 7-60。

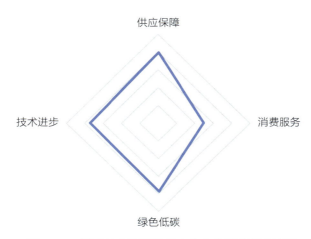

图 7-60　新西兰在不同维度上电力发展水平雷达图

3. 电力发展先进经验

新西兰政府十分重视绿色低碳转型。目前，新西兰清洁能源发电量比重已接近90%，居全球前列。新西兰目标 2035 年前建成 100% 可再生能源电力系统，成为全球首批实现 100% 可再生电力供应的国家之一。为实现该目标，新西兰政府和美国贝莱德投资公司合作，成立了 20 亿新西兰元（约合 12 亿美元）基金，支持新西兰企业加大对太阳能、风能、绿氢和储能投资。

8   电力发展指数的应用

8.1   政策制定者的决策参考

（一）政策分析与评估

强化政策分析，提升决策科学性。电力发展指数作为综合性指标，能够系统、全面反映国家或地区电力发展状况与未来发展趋势。通过应用电力发展指数进行政策分析和评估，可为政策制定者提供可靠依据。电力发展综合指数下的二级指标，能够反映各类政策对电力行业的具体影响，如电力供应保障能力、新能源发电量增速、电力市场发展水平等。各国在开展能源电力规划时，可利用电力发展指数分析当前电力发展存在的薄弱环节，有针对性开展规划，提升电力发展成效。例如，非洲国家开展电力规划时，应将提升电力供应能力、电力可及性作为首要任务；亚洲国家电力规划应将推动电力绿色低碳转型作为关键目标。亚洲、非洲部分电力发展指标对比示意见图 8-1。

图 8-1   亚洲、非洲部分电力发展指标对比示意图

优化政策调整，夯实发展基础。电力发展指数为政策调整提供了量化依据。通过分析指数变化趋势，政策制定者能够精确评估现有政策的效果，并及时调整以应对新的挑战和机遇。这种基于数据的政策分析方法，在全球能源转型中愈发重要。例如，某些国家虽然制定了一系列绿色低碳政策，但是却未能有效落实，或受电网基础设施基础条件约束等因素制约，新能源项目规划落地困难、新能源发电增速缓慢，甚至出现负增长，绿色低碳指数出现下降，需要优化调整政策，加大电网等基础设施投入，提升电网对新能源消纳能力。2024 年，全球能源互联网发展合作组织首次出版《全球电力发展指数研究报告》，计划每两年出版一次，便于各国政策制定者依据电力发展指数各项指标变化发现电力发展中存在的问题，对政策进行优化调整。政策制定者也可利用本书中提出的研究模型和工具，基于本国或本区域电力发展历史数据，开展历史电力发展指数测算，评估政策实施效果，识别政策短板。

（二）制定未来电力发展战略

前瞻布局战略，明晰发展方向。电力发展指数为制定未来电力发展战略提供了全局视角，帮助决策者准确把握电力系统的现状与潜力。通过综合考虑电力供应保障能力、消费服务水平、绿色低碳发展形势、技术创新等因素，电力发展指数可以指导制定符合国家长远利益的发展战略。例如，某些新兴市场经济体通过分析电力发展综合指数和各项指标，发现电力系统的主要短板在于基础设施老化和新能源利用效率低下，从而在未来战略中优先考虑电网升级和可再生能源开发。

抓住发展机遇，适应全球趋势。能源电力绿色低碳转型是全球能源系统发展变革的大势，电力作为能源系统的核心，电力低碳转型对能源转型至关重要。在全球电力需求持续增长、碳排放压力增加的背景下，各国需优先考虑清洁能源和低碳技术的发展战略。电力发展指数为各区域各国电力绿色低碳转型和技术创新发展提供了科学的量化方法，可为各区域各国制定电力绿色低碳转型发展目标，制定技术创新研发和投入计划，提供了数据支撑。

科学评估方案，确保战略落地。电力发展指数还可用于评估不同战略方案的可行性和有效性。例如，各国在制定中远期能源电力发展规划时，通过分析电力发展指数的历史数据与未来趋势，确定电能在终端能源消费中的比重、电力碳排放强度、清洁能源发电量比重等具体目标，并据此制定配套政策和措施。这种数据驱动的战略制定方法，可为全球电力行业的可持续发展提供有力保障。

8.2　投资者的电力市场分析工具

（一）投资风险评估与预警

精准识别风险，规避投资盲点。电力发展指数通过量化电力发展的各项关键指标，为企业评估投资风险提供了可靠依据。投资者可根据电力发展指数判断一个国家或地区的电力系统是否具备稳定的电力供应保障能力、良好的市场环境，以及合理的政策支持，从而避免盲目投资。例如，在电力发展指数较低的市场，往往存在基础设施薄弱、政策不稳定等风险，企业应谨慎进入，并采取适当的风险对冲策略。

动态监测指标，及时调整策略。电力发展指数的变化可以反映出市场环境的动态变化。投资者可利用本书中提出的电力发展综合指数评价模型，开展投资区域电力发展指数定期监测，及时发现潜在的市场波动或政策调整，进而调整投资策略。例如，当某国的电力发展指数持续上升时，意味着该国的电力市场环境正在改善，企业可以考虑加大投资力度，以获取更大的市场份额。

（二）市场前景分析与预测

科学分析数据，预测市场趋势。电力发展指数提供了大量数据支持，帮助企业了解全球、各区域、各国电力发展形势，有助于分析预测未来全球电力市场走势。投资者可根据需要，参考本书中的模型和方法，对电力发展指数各项指标的历史变化趋势进行测算和分析，或者开展更小范围、更精细时间尺度分析，识别市场的周期性波动、技术变革的影响以及政策导向的变化。例如，某地区绿色低碳专项指数持续上升，表明该领域市场前景广阔，企业应提前布局，以在未来竞争中占据有利位置。

前瞻布局投资，把握增长机会。电力发展指数不仅是评估现状的工具，更是预测未来市场潜力的重要依据。企业可以通过对指数的前瞻性分析，识别出具备增长潜力的新兴市场与技术领域。例如，某些新兴经济体的电力发展指数虽然目前较低，但随着政策推动和基础设施建设的加速，这些市场有望成为未来的重要增长点。

过去 5 年新能源发电量年均增速排名前 10 的国家见图 8-2。

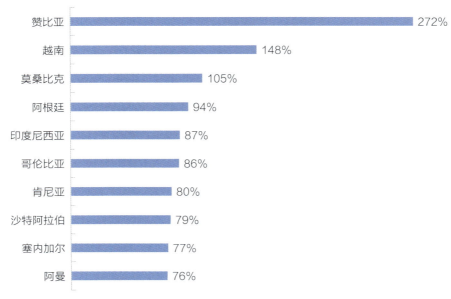

图 8-2　过去 5 年新能源发电量年均增速排名前 10 的国家

8.3　行业内相关人员的实践指导

（一）优化企业战略布局

统筹全局，科学制定发展战略。电力发展指数为企业的战略规划提供了数据支持，帮助企业准确评估电力市场的当前状况与未来趋势。企业可利用指数体系分析各地区或国家的电力发展水平与市场潜力，明确优先发展的市场与领域。例如，通过分析某地区的电力发展指数，企业可以判断该地区电力基础设施的健全程度及可再生能源的应用潜力，从而制定针对性的投资和发展策略。电力发展指数还可以帮助企业识别行业中的关键机遇。对于电力发展指数较高的市场，企业应加快进入步伐，以占据先发优势；而对于指数较低但增长潜力巨大的市场，企业则应布局前瞻性投资，以抢占未来的市场份额。

过去 5 年人均用电量增速、清洁能源发电量增速排名前 10 的国家见图 8-3。

图 8-3　过去 5 年人均用电量年均增速、清洁能源发电量年均增速排名前 10 的国家

提前布局，应对环境变化。电力发展指数还可为企业的长期发展提供预警。通过对电力发展综合指数及各项指标的深入分析，企业可以预测未来可能出现的政策或市场变化，从而提前调整战略布局。例如，某些市场的电力发展指数显示出清洁能源发电比重或新技术应用水平呈逐年上升趋势，企业应适时加大在该领域的投入，以顺应全球能源转型潮流。

（二）促进资源配置，增强运营效率

优化资源配置，实现效益最大化。电力发展指数可为企业合理配置资源提供决策参考。企业可依据指数评估不同区域或市场的电力发展水平，合理调配资本、人力与技术资源，确保资源的高效利用。例如，在电力发展指数较高的市场，企业可以加大投资力度，加速布局高端技术与服务，以提高市场份额和利润率。

提升运营效率，增强企业竞争力。通过电力发展指数的持续监测，企业能够动态调整运营策略，及时优化内部流程与管理机制。例如，企业可以根据指数的变化情况，调整供应链和生产计划，以应对市场需求波动和政策调整，从而提升整体运营效率与市场竞争力。

8.4　国际电力合作的助推器

（一）推动国际能源合作，构建互利共赢机制

加强合作交流，拓展能源合作新领域。利用全球电力发展指数，各国能够清晰了解自身和合作伙伴的电力发展状况，找准合作切入点，制定互惠互利的合作方案。例如，中国通过与"一带一路"沿线国家的电力合作，依托电力发展指数分析结果，精准识别合作伙伴的需求和优势领域，推动能源电力基础设施共同发展。

深化多边合作，提升区域电力互联互通水平。电力发展指数为区域电力市场的构建与发展提供了数据支撑，各国可以据此加强区域间的电力互联互通合作，优化资源配置，提升电力供应的可靠性和经济性。未来，各国可依据电力发展指数关于电力供应保障、消费服务专项指数及各相关指标的评估结果，推动跨国跨区域互联电网建设，推动电力资源共享与优化配置。

（二）促进技术转移与共享，提升全球电力系统效率

鼓励技术交流，共享先进电力技术。电力发展指数为各国间的技术交流与合作提供了科学依据，特别是在清洁能源与电网数智化技术领域。电力发展水平领先的国家可通过电力发展指数，向发展中国家传授先进技术，提升全球电力系统的整体效率。例如，通过电力发展指数的分析，北欧国家在电力绿色低碳发展、技术创新和电力供应保障等专项指数上全球领先，可向非洲等电力发展相对落后的区域和国家推广其在新能源发电、电网互联互通及电网数智化发展方面的技术经验，实现全球技术共享与合作。

推动技术转移，助力全球能源转型。电力发展指数还可以帮助各国识别并推动技术转移项目的实施，促进全球范围内的能源转型。特别是在低碳技术与可再生能源领域，指数为国际合作项目提供了明确的方向和重点。例如，中国在电力技术创新专项指数上排名全球首位，未来可向东南亚、非洲等技术创新相对落后的地区和国家输出光伏、储能、柔性直流输电等先进电力技术，推动这些地区的能源结构调整与低碳转型发展。

（三）规范国际电力市场，强化全球电力治理

制定统一标准，规范国际电力市场运作。电力发展指数为国际电力市场的规范化发展提供了数据支持。通过指数分析，各国能够协同制定国际电力市场的运营标准与规则，避免市场的不正当竞争与资源浪费。例如，利用电力发展指数的相关数据，推动各国在碳市场机制、电力市场等领域达成共识。

加强全球治理，提升电力合作质量。通过电力发展指数的应用，国际组织可以更好地协调全球电力合作，提升合作质量与效率。指数能够帮助各国发现合作中的问题与挑战，推动合作向更加公平、透明和可持续的方向发展。电力发展指数的研究，有助于推动在全球范围内建立更为公正和包容的电力合作机制。

第四部分

全球电力发展展望

9 全球电力发展趋势

9.1 电 力 消 费

1. 全球电力需求影响因素分析

全球电力需求发展受多重因素影响，包括人口增长、经济发展、技术进步、能源转型、政策导向以及新兴技术的应用，各地区电力需求将呈现出显著的区域差异和结构性变化。

全球人口持续增长，特别是发展中国家，将持续推动电力需求增长。据联合国预测，全球人口将从 2023 年的 80 亿人增至 2050 年的 97 亿人，大部分增长集中在非洲和亚洲新兴经济体，全球人口增长趋势见图 9-1。随着这些地区城市化进程加速，居民用电需求将显著上升，电气化率的提高将进一步推动电力需求增长。

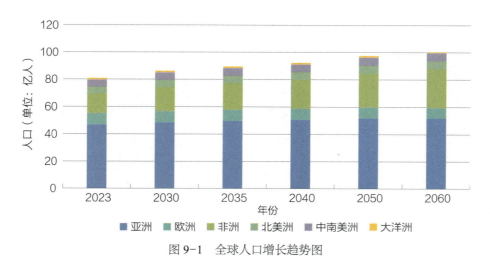

图 9-1 全球人口增长趋势图

经济发展与工业化进程对电力需求有直接影响。发达国家经济增长较为稳定,能源效率提升导致电力需求增长趋缓甚至下降。新兴经济体和发展中国家电力需求预计将保持较高增长率,这些国家在未来几年将继续经历快速的工业化和城市化进程,从而带来显著的用电需求增长。

技术进步,尤其是电动汽车、电制燃料和原材料、人工智能等新兴技术的应用,正逐步改变全球电力需求结构。电动汽车的普及不仅增加了整体电力需求,还改变了需求的时间和空间分布。人工智能技术的发展推动全球数据中心快速扩张、云计算广泛应用,伴随物联网设备的普及和 5G 网络的全面部署,全球算力需求呈几何级数增长,成为全球电力需求增长的关键驱动力。随着全球碳中和深入推进,电解水制氢、合成氨、甲醇等技术不断发展,绿色燃料和原材料在化工、交通、制热等领域将大幅替代传统化石燃料和原材料,预计全球绿氢产量将从 2023 年的 2000 万吨增至 2050 年的 3.8 亿吨,中远期将带动全球电力需求快速增长。全球绿氢产量预测见图 9-2。

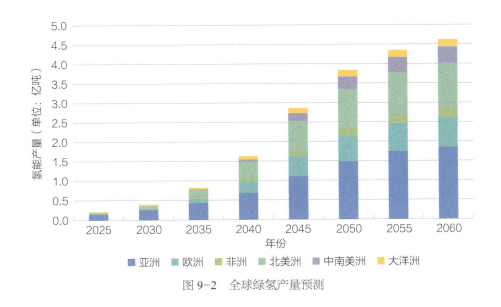

图 9-2 全球绿氢产量预测

能源转型和政策导向对电力需求的未来趋势具有深远影响。全球能源转型正在加速,许多国家已制定了雄心勃勃的减排目标和清洁能源发展计划。这些政策推动了清洁能源的发展,并引导电力需求的增长。随着能源系统向低碳化转型,电气化进程加速,电力在终端能源消费中的比例不断增加,特别是在交通和供暖领域。

　　不同地区电力需求发展趋势存在显著差异。亚洲依托洲内发展中国家工业化、城镇化加速推进和绿色低碳发展不断深化，成为全球重要电力需求中心；欧洲依托交通、供热/制冷领域电能替代、大数据中心建设和信息技术产业的快速发展，电力需求总体平稳增长；非洲依托"电—矿—冶—工—贸"联动发展，经济快速增长，加速推动电气化和城镇化进程，大幅减少无电人口，电力需求跨越式增长；北美洲依托人工智能、信息技术等先进技术发展、交通领域电能替代，电力需求稳步增长；中南美洲依托再工业化发展，交通等部门电气化发展，绿氢及相关产业发展，电力消费持续增长；大洋洲依托交通领域电能替代，绿氢及相关产业发展，用电需求稳步增长。

2. 全球电力需求增长预测

　　基于对全球电力需求现状的分析，和未来全球及各区域电力需求影响因素的研判，全球能源发展合作组织对中远期全球及各区域电力需求发展趋势进行了研究预测。到2035年，全球用电量预计达到55万亿千瓦时，2023—2035年均增速约5.6%。到2050年，全球用电量预计达到84万亿千瓦时，2035—2050年均增速2.9%。全球人均用电水平从2023年的3538千瓦时增至2035年的6153千瓦时，到2050年进一步增至8704千瓦时，全球电力需求增长趋势见图9-3。亚洲作为全球电力负荷中心的地位更加凸显。亚洲在全球电力需求中的比重将从2023年的55%增至2035年的58%，2050年占比约为57%。2023、2035、2050年三个水平年，各大洲用电需求比重示意见图9-4。

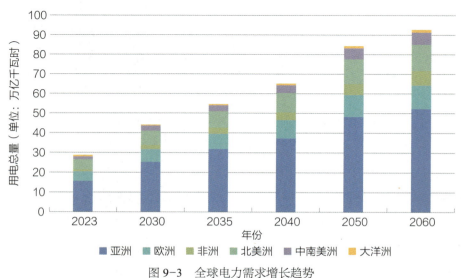

图9-3　全球电力需求增长趋势

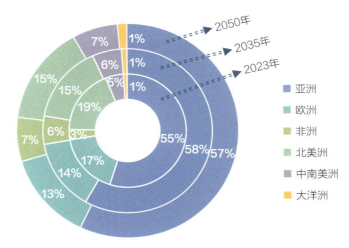

图 9-4　2023、2035、2050 年三个水平年，各大洲用电需求比重示意图

分区域看，2035 年，亚洲、欧洲、非洲、北美洲、中南美洲、大洋洲电力需求分别达到 31.9 万亿、7.6 万亿、3.1 万亿、8.4 万亿、3.0 万亿、0.6 万亿千瓦时，2023—2035 年增速分别为 6.1%、3.8%、11.4%、4.0%、6.8%、5.4%；2050 年，亚洲、欧洲、非洲、北美洲、中南美洲、大洋洲电力需求分别达到 52.3 万亿、12.0 万亿、7.4 万亿、13.4 万亿、6.2 万亿、1.3 万亿千瓦时，2035—2050 年增速分别为 2.8%、2.6%、4.1%、2.7%、4.1%、4.6%。

9.2　电　力　生　产

1. 全球电力生产影响因素分析

全球电力生产的发展受到资源、技术、政策、经济和社会等多方面因素的影响，在全球能源转型的大背景下，电力生产正在从传统的化石能源主导向清洁、可再生能源主导的方向迈进。深入分析全球电力生产的影响因素和增长趋势，对制定能源电力政策、规划电力发展路径、实现全球气候目标具有重要意义。

清洁能源发电、储能等技术快速发展、成本持续下降，清洁能源发电将更大规模发展应用。随着化石能源开发利用成本上升、低碳清洁和安全性等方面要求提高，传统化石能源利用的内外部费用将呈上升趋势。清洁能源规模化效应越发显著，成本持续降低。水电成本基本保持在 4 美分 / 千瓦时，部分水能资源丰富地区，如刚果河流域，水电成本可低至 3 美分 / 千瓦时以下。海上风电、陆上风电、光伏和光热成本均呈现下降趋势，到 2050 年分别降至 5、2.7、1.3、6 美分 / 千瓦时左右[1]。全球清洁能源发电成本变化趋势见图 9-5。

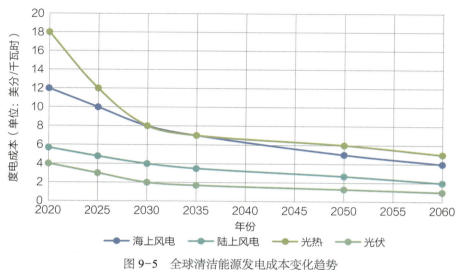

图 9-5   全球清洁能源发电成本变化趋势

不同地区资源禀赋和技术优势差异较大，电力生产多样化和差异化趋势更加显著。 全球不同地区清洁能源资源特性和富集程度差异巨大，例如西亚北非地区太阳能资源优质且丰富，中南美洲、北欧及非洲中部地区水资源十分丰富，中亚、东亚、北美洲和澳大利亚东西海岸沿线风能资源十分丰富，这些地区在开发大型清洁能源发电基地方面有独特优势。除了资源禀赋的差异，各地区清洁能源技术优势也具有较大差异，例如亚太地区在生产能力和成本控制方面优势较大，北美洲和欧洲在数智化电网、储能等技术领域处于领先，这些差异进一步推动了全球电力生产的多样化和差异化。

各类电源在电力供应结构中的定位发生深刻变化，灵活性电源装机大幅增加。随着全球电力低碳和数智化转型推进，传统化石燃料发电正从主力电源向调节性电源转变，风能、太阳能等可再生能源装机和发电量占比快速提升，正成为电力供应的重要组成部分，在部分国家和地区已发展成为主力电源。可再生能源的间歇性和不确定性导致系统灵活性资源需求显著增加，灵活性电源装机，包括天然气发电、抽水蓄能、电化学储能等，正迅速扩张。

---

❶ 全球能源互联网发展合作组织. 全球能源互联网报告 2023. 北京: 中国电力出版社, 2023.

全球碳中和目标持续推进，部分国家和地区有望实现零碳电力供应。在全球碳中和目标持续推进的大背景下，许多国家和地区正加速实施能源转型战略，积极推动清洁能源开发和应用，部分国家，如北欧地区丹麦、挪威、瑞典，北美地区加拿大，大洋洲新西兰，以及部分拉丁美洲国家凭借丰富的风能、水能资源，和强大的技术创新能力，有望在未来10年内实现零碳电力供应。中国、印度等新兴经济体，虽然面临着能源需求持续增长的挑战，也通过积极发展清洁能源，推动电力系统数智化升级，为远期零碳电力供应奠定基础。随着技术进步和政策支持的不断加强，越来越多国家和地区有望实现零碳电力供应。

2. 全球电力生产展望

根据全球能源互联网发展合作组织研究预测，到2035年，全球电源装机容量达到217亿千瓦，是2022年的2.6倍。清洁能源装机占比达到77%，风电、太阳能发电、水电、核电、生物质及其他占比分别为26%、36%、11%、2%、2%。全球清洁能源发电量40万亿千瓦时，风电、太阳能发电、水电、核电、生物质及其他占比分别为37%、31%、19%、9%、5%。预计2030年左右，全球煤电装机容量达到峰值25亿千瓦，后续煤电装机逐步退役。

到2050年，全球电源装机容量达到422亿千瓦，是2022年的5倍。清洁能源装机占比达到93%，风电、太阳能发电、水电、核电、生物质及其他占比分别为28%、46%、10%、2%、2%。全球清洁能源发电量88万亿千瓦时，风电、太阳能发电、水电、核电、生物质及其他占比分别为38%、37%、14%、6%、4%。全球电源装机容量分品种预测示意见图9-6，全球电源发电量分品种预测示意见图9-7。

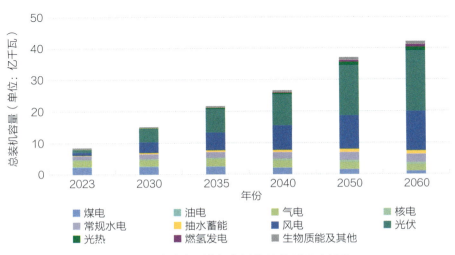

图9-6　全球电源装机容量分品种预测示意图

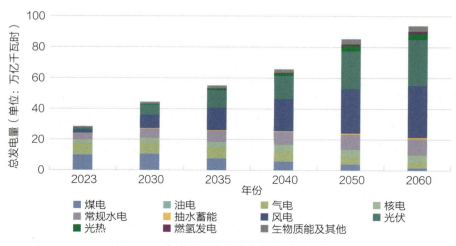

图 9-7 全球电源发电量分品种预测示意图

分区域看，到 2050 年，亚洲、欧洲、非洲、北美洲、中南美洲、大洋洲装机占比分别为 53%、19%、3%、18%、5%、2%。亚洲火电装机占比由 2022 年 39% 降至 7%，欧洲由 12% 降至 1%，非洲由 29% 降至 3%，北美洲由 14% 降至 0，中南美洲由 10% 降至 0，大洋洲由 29% 降至 0。

2023、2035、2050 年三个水平年，各大洲电源装机比重示意见图 9-8。

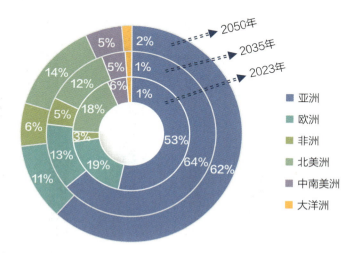

图 9-8 2023、2035、2050 年三个水平年，各大洲电源装机比重示意图

9.3　电　网　发　展

电网作为电力资源的配置平台，是电力系统的核心组成部分，不仅负责电力输送配置，还承担着平衡供需、保障供电可靠性与安全性、促进新能源消纳等多重任务。电网发展与电力供需形势、输配电和数智化技术发展、政策与监管环境变化等息息相关。

全球输配电网规模将持续增长，电网建设投资需求巨大。各国在推动能源转型、提高能源效率、增加可再生能源并网的过程中，输配电网至关重要，全球各区域都需要新建和改扩建大量输配电线路。随着电网技术进步，输电线路将更加长距离化、高压化，配电网向智能化、分布式方向发展。为支撑电力转型发展，满足输配电电网建设需求，需要持续大规模资金投入。根据全球能源互联网发展合作组织预测，未来 30 年，全球电网建设与改造的投资需求将超过 10 万亿美元。电网建设的巨额投入将带动相关产业的发展，为全球经济增长提供新动力。

电网结构呈现出以大电网为主导、多种电网形态相融并存的格局。大电网作为电力系统的骨干网架，具有资源配置效率高、供应保障能力强等优势，仍将在电力供应中占据主导地位。随着分布式能源、微电网和数智化电网技术的快速发展，多种电网形态将与大电网形成协同共存的局面。新能源并网形式多样化以及用户侧主动性提升，将促使电网更加灵活和智能，通过多层次、多元化的网络结构，满足不同区域、不同行业的用电需求。多元融合新格局下的电网将更具弹性与适应性，能够应对未来更加复杂的电力需求和更高的供电可靠性要求，推动全球电力行业可持续发展。

先进输电技术发展，推动跨区跨国电网互联互通规模持续扩大。超特高压输电、柔性输电、超导电缆等新技术的应用，为跨区域、跨国界电网互联提供了技术保障。先进输电技术不仅提高了输电效率和可靠性，还显著降低了电力传输损耗，助力清洁能源远距离输送和大范围消纳。随着全球能源转型的加速推进，各国和各区域间电力互联需求日益增加，先进输电技术成为实现能源资源优化配置、提升电力供应安全性的关键支撑。通过跨区跨国电网的互联互通，不同地区之间实现资源互补、优势互享，进一步推动全球能源一体化进程，提升能源利用效率。规模化电网互联还将增强电力系统韧性，提升应对自然灾害和突发事件的能力。

数智化技术广泛应用，电网智慧水平和运营效率持续提升。物联网、大数据、人工智能、云计算等技术的融合，为电网运行管理带来了深刻变革。通过智能传感器和实时监测设备，电网能够更精准地捕捉运行数据，实时监控电力流和设备状态，提前识别和预防潜在故障，提高系统安全性和可靠性。大数据和 AI 技术的应用，推动了电力负荷预测、故障诊断和优化调度的精确化，提升了能源利用效率。基于云平台的电力系统管理，使得电网调度更加灵活，能够快速响应市场需求和外部环境变化，实现动态供需平衡。数智化技术不仅提升了电网运营效率，还为可再生能源的接入和消纳提供了有力支撑，促进了低碳电力的发展。

绿氢化工和发电需求快速增长，电网与氢网协同发展。随着绿氢制备技术的进步和规模化应用，电网负荷特性也在发生变化，要求电网具备更高的灵活性和调节能力。氢网的建设也在加速推进，与电网形成了双向互补的能源供应体系。在电力需求低谷时，电网能够通过电解水制氢实现电能转化储存，而在电力需求高峰或可再生能源出力不足时，氢气可以通过燃料电池或氢气涡轮机进行发电，反哺电网。电网与氢网的协同发展，不仅提升了能源系统的整体效率和稳定性，还为全球实现碳中和目标提供了坚实的基础。

9.4 国 际 合 作

电力行业国际合作是推动全球能源转型和可持续发展的重要抓手。通过加强国际合作，各国共同应对能源电力发展面临的挑战，促进全球和各区域电力高效、清洁和可持续发展。未来，全球电力国际合作不仅体现在技术交流和项目合作中，还涉及政策协调、市场联动，以及跨国跨洲电力基础设施建设等多个层面。

新兴市场合作机遇潜力巨大。随着发展中国家和新兴市场对电力需求的快速增长，国际合作在这些地区的潜力巨大。通过提供资金、技术和管理经验，发达国家和国际组织能够帮助这些国家建设现代化电力基础设施，推动清洁能源的发展。这种合作不仅能够满足新兴市场的能源需求，还将为全球能源转型注入新的动力。

区域电力市场一体化进程进一步加快。欧盟、北美洲、中南美洲、东南亚等地区已经在积极推动这一进程，通过制定统一的市场规则和加强跨国电力互联，实现电力资源在更广泛区域的优化配置和高效利用。区域电力市场一体化发展，不仅提升了电力系统整体运行效率，还增强了各国在应对能源转型过程中协同作战的能力，有助于更好地应对气候变化和能源安全等全球性挑战。展望未来，随着各区域在市场规则、跨境电力互联和政策框架上的统一与协调，各地区间电力流通更加顺畅，进一步提升能源的利用效率和系统的稳定性，推动全球电力可持续发展。

跨国跨区电网互通持续推进。随着超特高压水电技术的发展和成本的下降，未来全球电力互联互通规模持续增长，推动构建全球能源互联网，实现各区域各国家间电力资源共享与配置，促进清洁能源跨境消纳与发展，显著改变全球电力供应格局，推动电力行业的全球化发展。2050年全球跨国跨区域电力交换示意见图9-9。

电力行业技术标准国际化趋势更加显著。随着国际合作的深化，电力行业技术标准的国际化趋势愈加明显，统一的技术标准不仅有助于减少跨国项目实施中的技术障碍，还能降低设备和系统的互操作性问题，提升国际项目的整体效率。国际电工委员会（IEC）、国际大电网委员会（CIGRE）、全球能源互联网发展合作组织等能源电力国际组织正积极推动电力行业国际标准建设。未来，国际标准化组织、区域电力合作机构和各国政府将在推动电力技术标准的国际化方面发挥更大作用。

电力多边合作机制不断深化。在全球化背景下，无论是通过联合国、能源电力领域国际组织，还是通过区域性的电力合作机制，各国将在多边框架下加强政策协调、技术合作和市场联动。这种多边合作机制的深化，将为全球电力行业的可持续发展提供强有力的支持。

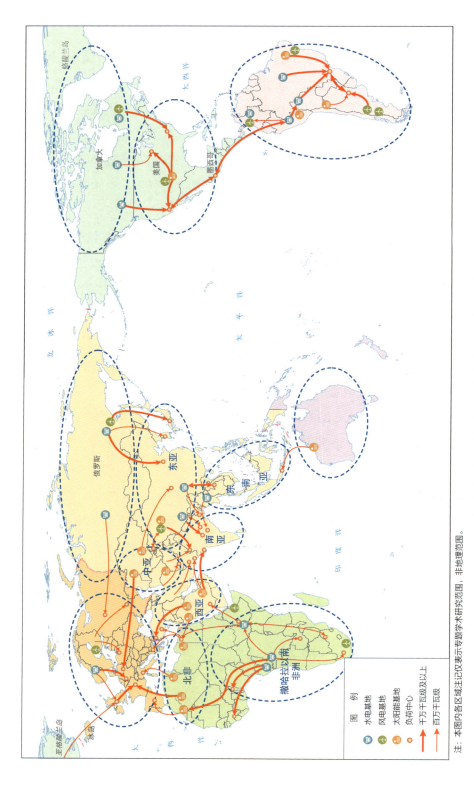

图9-9　2050年全球跨国跨区域电力交换示意图

注：本图内各区域标注仅表示专题学术研究范围，非地理范围。

10　电力发展关键技术展望

10.1　清洁能源发电技术

　　清洁能源发电技术是推动能源电力低碳转型的核心力量，极大提升了能源可持续性，改善了能源结构。太阳能和风能作为主要的可再生能源，近年来发电规模持续扩大、成本不断下降。光伏发电的效率不断提高，从不足 10% 提升至超过 20%，全球光伏安装成本从 2010 年的约 4 美元 / 瓦下降至 2023 年的不足 0.3 美元 / 瓦，平准化度电成本（LCOE）从 45 美分 / 千瓦时降至 5 美分 / 千瓦时。目前钙钛矿 - 硅叠层太阳能电池效率达到 31% 以上，是未来光伏技术升级的主要方案。风能技术发展也取得了突破性进展，离岸风电正快速扩张，随着风机单机容量的增加和新材料的应用，风电场的建设成本和运维成本显著下降，全球陆上风电安装成本从 2 美元 / 瓦降至不足 1 美元 / 瓦，LCOE 从 11 美分 / 千瓦时降至 3.3 美分 / 千瓦时，海上风电 LCOE 也降至 8 美分 / 千瓦时。尤其是浮动式风电技术的成熟，扩大了海上风电的应用范围，为风能开发提供了更大的灵活性和可行性。

　　生物质能和地热能等其他清洁能源技术的进步，也为全球电力供应的多样化做出了贡献。生物质能发电通过有效利用农业和林业废弃物，实现了废物资源化。地热能则凭借其稳定的发电特性，成为减少化石燃料依赖的重要替代方案。核电在法国、瑞典等许多经济发达、核电技术先进的国家被视为实现碳中和目标的重要途径，全球目前核电 LCOE 约为 8 美分 / 千瓦时。光热、氢能发电等电网友好型清洁能源发电技术也在快速发展，但目前成本较高，LCOE 均超过 20 美分 / 千瓦时，尚未在全球范围内实现大规模应用。未来，随着清洁能源技术的持续创新与进步，全球电力行业将更加高效、环保和可持续。

　　过去 20 年全球光伏、风电度电成本下降趋势见图 10-1。

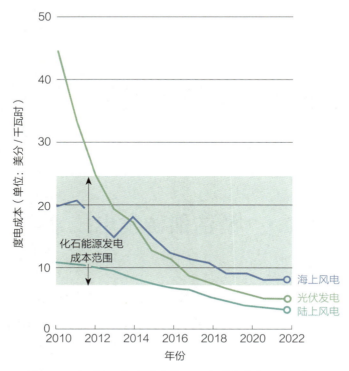

图 10-1   过去 20 年全球光伏、风电度电成本下降趋势图

　　清洁能源发电技术的快速发展不仅推动了亚洲、欧洲、北美洲等主要电力市场的绿色低碳转型，还推动了非洲、南亚等电力发展相对滞后的区域电力普及率的提升。

10.2　先进输电技术

　　先进输电技术的发展是提升电力系统效率与稳定性的重要因素，对提升电网可靠性、促进跨国跨区电力互联互通有重要影响。高压直流输电（HVDC）技术通过降低长距离输电损耗，提升了跨区域电力传输效率，特别是特高压直流输电技术（UHVDC）实现了能源超大容量、超远距离的输送和配置。截至 2023 年底，全世界投运的特高压直流工程共有约 26 回，中国 21 回，巴西 2 回、印度 3 回，总里程近 4 万千米。未来特高压直流输电的电压等级、输送容量、可靠性和适应性水平将不断提高，成本进一步降低。柔性交流输电系统（FACTS）技术则通过动态调节电力流向，增强了电网的适应性与稳定性。截至目前，全球已投运的柔性直流输电工程有近 50 项，主要集中在欧洲、中国和美国等地区。随着大规模工程应用，目前柔性直流工程换流站单位造价约 600～1000 元 / 千瓦。

输电技术不断进步促进了电力互联互通，推动电力资源在全球范围高效配置。中国和欧洲的超高压输电线路已经显著减少了因距离导致的能量损耗，提升了电力系统的稳定性和弹性。近年来，中国和欧洲输配电网技术进步不仅提高了自身的电网运营效率，也通过技术走出去，提升了其他国家电力互联互通水平和清洁能源资源大范围优化配置能力。

10.3　数智化电网技术

数智化电网技术的迅速发展正在改变电网的运行模式，是现代电网发展的核心趋势。新一代信息技术、物联网（IoT）、大数据和人工智能（AI）等数智化技术在电网中的应用极大提升了电力系统的运行效率和决策能力。

数智化电网技术通过信息通信技术（ICT）的深度应用，实现了电力系统从发电、输电到配电和用电的全链条智能化管理。数字化传感器和先进的计量基础设施（AMI）能够实时采集并分析电网运行数据，从而提高电力系统的可靠性和安全性。未来，随着 5G 通信技术的普及，数智化电网的实时响应能力将进一步提升。

大数据分析和人工智能（AI）在数智化电网中的应用日益广泛。通过对历史数据的挖掘和模式识别，AI 技术能够实现精准的电力负荷预测和需求响应，优化电力调度。机器学习技术还可用于识别电网故障、预测设备健康状况，显著降低维护成本和停电风险。通过对海量数据的实时分析和预测，电网的故障检测和响应能力得到了极大提高。

区块链技术在分布式能源交易中的应用将增强电网的去中心化管理能力，提升系统透明度和安全性。这些技术的发展使得电网在应对可再生能源接入和负荷波动方面表现得更加智能化和灵活化，在全球范围内提高了电力系统的适应能力与安全性。数智化电网技术的不断发展，将为电力行业带来更高的效率、更低的碳排放和更强的韧性。

10.4　新型用电技术

新型用电技术是实现电能替代、促进能源系统清洁转型的关键，是未来用电需求增长的引擎，在提升能源使用效率和用户响应能力方面至关重要。目前，新型负荷主要包括新能源汽车、电制燃料和原材料、电制热、数据及通信用电、建筑智能用电等。

新能源汽车可以分为电动汽车、气体燃料汽车、生物燃料汽车和氢燃料汽车，具有能源效率高、无污染、噪声低等优点。随着技术成熟与市场发展，电动汽车（EV）已经成为全球最主流的新能源汽车技术路线。电动汽车和车网互动（V2G）技术的推广不仅推动了交通领域的电气化，还可通过智能充放电管理提升了电力系统的灵活性，从源随荷动逐渐转变为源荷互动，为电力系统提供双向灵活性调节能力。

电制燃料与原材料涵盖了电制氢、电制甲烷、电制甲醇、电制氨等技术。根据电解槽的结构工艺不同，电解水制氢可分为碱性电解池（AEC）、质子交换膜电解池（PEMEC）、固体氧化物电解池（SOEC）。目前，AEC 技术最为成熟，商用规模最大，因其成本低、寿命长，未来相当时间内仍将占主流，但其电解效率较低（70% 左右）。效率可达 80% 的 PEM 技术和效率高达 85%～90% 的 SOEC 技术是电解水技术的重要发展趋势。电制甲烷、甲醇技术目前主要为电制氢后加入二氧化碳，再通过化学反应制取，在欧洲、中国已有多项示范项目，二氧化碳直接还原制备尚处于实验室研究阶段。氨作为化学工业中产量最大的产品，电解水制氢合成氨技术已相对成熟，通过氨气直接还原制备是目前研究热点。电制燃料和原材料电耗较高，以 PEM 制氢为例，1 千克氢耗电量约 45 千瓦时。目前，电制燃料和原材料成本相对于传统化工技术仍处于较高水平，未来随着成本下降和规模化发展，将带动全社会用电需求大幅增长。

电制热包括电阻加热、电弧加热、感应加热、微波加热、热泵、空调等。电制热技术的发展趋势主要是提高电加热炉的热效率，降低每吨耗能，提高控制温度的精确性，提高热泵和空调的能效比和换热效率。未来随着电制热技术进步和成本下降，电制热将逐步取代化石能源制热，成为用电需求的重要增长点。

信息技术是主要用于管理和处理信息所采用的各种技术的总称。信息处理负荷是一种相对新兴的负荷类型,正处于快速增长的过程。信息用电主要包括数据中心、通信基站以及消费电子产品等。随着第五代移动通信技术(5G)、云计算、大数据、人工智能等技术的规模化应用,信息产业相关设备的用电规模稳步攀升,成为不可忽视的重要用电领域。

建筑智能用电,包括面向家庭的智能家居(家用电照明、电炊具、电采暖、电制冷等)以及面向社区的智能用电小区(用电信息采集、配电网自动化、分布式能源接入、电动汽车有序充电等)。智能家居和智能建筑技术的应用则优化了用户的用电习惯,提高了整体能源利用效率。

随着新型用电负荷的快速增长,全球用电需求将保持稳步增长,全球电力基础设施建设需求持续扩大。利用好新型电力负荷的可控性和灵活性,有助于提升电力系统稳定性,提升能源利用效率、改善能源消费结构。

10.5　新型储能技术

储能技术是实现电力系统高效运行和可再生能源大规模应用的关键。压缩空气储能、锂离子电池、液流电池以及氢储能等新型储能技术应用前景广阔,发展潜力大。

压缩空气储能技术在大规模储能领域具有良好的发展潜力,国际上已有商业化运行的传统压缩空气电站,电站装机规模已能够达到十万千瓦级。随着压缩空气储能关键技术的突破以及示范工程的推进,空气压缩机、透平机、储气罐等关键新型设备的规模化和标准化,系统成本已下降至约 5000 ~ 6000 元 / 千瓦。

锂离子电池综合性能较好,是目前应用最广泛的储能技术,已在电力调峰、频率调节和应急备用等方面发挥重要作用。目前,全球已安装电化学储能中锂离子电池储能占比约 95%。随着技术进步和规模化生产,锂电池的成本逐步下降,未来市场前景广阔。随着电动汽车的大规模普及和锂离子电池储能的规模化推广,正负极材料、电解液、系统组件成本都已呈现不同程度下降,储能系统成本已下降至 1400 ~ 1800 元 / 千瓦时。

面对日益复杂的电力需求和高比例可再生能源接入,锂电池之外的新型储能技术也在快速发展。固态电池因其更高的能量密度和安全性,被认为是下一代储能技术的重要方向。液流电池、钠离子电池等新型技术也在逐步走向成熟，在长时储能和大规模应用场景中展现出独特优势。

氢储能作为长期储能技术，具有良好发展前景，目前处于工程示范阶段。世界各国相继制定了氢能技术路线图，中国也将氢能作为长期发展战略，并开展了工程应用。随着氢储能示范工程推进，碱性电解槽制氢、气态储氢及质子交换膜燃料电池等制氢、储氢及用氢设备造价不断降低，设备利用率不断提高，氢储能系统成本已降至 1 万 ~ 1.3 万元 / 千瓦。

新型重力储能和新型抽水蓄能技术也是近年来受到广泛关注的新型储能技术。重力储能技术利用重物的升降来储存和释放能量，目前该技术处于早期发展阶段，一些公司已经开发出了实验性系统，并在多个地点进行了小规模的试点项目。例如，Energy Vault 等公司已经建造了原型塔式重力储能系统，并进行了实际操作测试。重力储能技术在成本效益、技术成熟度、材料使用、系统效率等方面还需要进一步优化，未来发展重点是提高系统的整体效率和经济可行性，推动更大规模的商业化应用。

新型抽水蓄能是由全球能源互联网发展合作组织研究提出的一种通过跨流域调水实现电能充放的抽水蓄能系统，如图 10-2 所示。该技术是指以新能源为主要动力，在流域间建设一系列调蓄水库、不同高程的短距离引水道、可逆式水泵水轮机组和水轮发电机组，实现跨流域调水和电能存储的一种综合性水利水电工程。新型抽水蓄能改变了常

图 10-2　新型抽水蓄能调水工程结构示意图

规抽水蓄能在同一组上、下水库间就地循环抽发的运行方式，可实现"就地抽发"和"异地抽发"协同开发，并由新能源驱动水流在不同高度间自由流动，克服地形障碍。新型抽水蓄能是一种联结"水系统"与"电系统"的综合工程，具有调水和蓄能两个功能，将实现"水"与"电"两种资源的高效利用和协同优化。"新型抽水蓄能"理念建设绿色蓄能调水工程在中国西南部、美国中央河谷、非洲刚果河、尼罗河等流域均有应用潜力。

　　未来，随着新型储能技术的不断突破，电力系统的调节能力和稳定性将大幅提升，为实现高比例清洁能源接入和电力系统的全面升级提供坚实保障。

第五部分

结语

全球"碳达峰、碳中和"背景下，全球能源配置格局、供给结构、利用方式、技术创新和产业生态正加速演变，电力在推动能源转型变革、保障能源安全中处于核心地位和发挥着更加重要的作用。本书基于能源可持续发展理论，研究提出全球电力发展指数两级四维综合评价体系和评价方法，对全球各国各区域电力发展成效开展综合评估，旨在为全球电力转型变革提供科学指引，推动国家间交流互鉴与合作，营造电力创新与合作的良好环境，助力人人享有可持续可负担电力。

全球各区域各国家经济、社会、环境差异较大，本书研究提出了对电力发展绩效进行评估的综合指数模型和方法，搭建了开放的电力发展指数评价指标体系，为政策制定者、投资者、电力行业从业者和关注电力行业发展的相关人士提供参考和借鉴。指数测算受数据资料完整性、权重设计局限性等诸因素影响，本书中测算结果仅供读者参考。

全球能源电力行业正处于加速变革期，技术创新日新月异，电力发展指数研究工作也需与时俱进，不断深化研究模型和方法、优化完善指数指标体系，提升电力发展指数评价科学性。全球能源互联网发展合作组织愿与国内外业界同仁共同探讨、携手合作，为全球能源电力可持续发展贡献力量。

附　　录

（一）图目录

（二）表目录

（三）数据来源

采用线上线下相结合的方式进行数据搜集。对于人均用电量、人均发电装机容量、平均电价等 13 个定量指标，主要采用线上公开搜集的方式，从各国统计局、能源电力部门官方网站披露的公开数据，以及联合国、世界银行、国际能源署等国际组织公开发布的数据进行汇集整理，数据来源如表 1 所示。

表 1　　　　全球电力发展指数线上搜集的基础数据来源

数据名称	对应英文数据名称	数据内容	数据源
发电装机容量	electricity capacity	各年总量、分品种	EIA、各国统计局
发电量	electricity generation	各年总量、分品种	EIA、IEA、各国统计局
用电量	electricity consumption	各年总量	EIA、IEA、各国统计局
进口电量	electricity imports	各年总量	EIA、各国统计局
出口电量	electricity exports	各年总量	EIA、各国统计局
净进口电量	electricity net imports	各年总量	EIA、各国统计局
供电损耗	distribution losses	各年总量	EIA、各国电力部门
能源生产总量	total energy supply	各年总量	IEA、各国统计局
能源消费总量	total final consumption	各年总量	IEA、各国统计局
碳排放	CO_2 emissions	各年总量	IEA、IPCC、各国统计局
户均停电时间	SAIDI	各年数据	世界银行、各国电力部门
户均停电频率	SAIFI	各年数据	世界银行、各国电力部门
电力价格	electricity price	各年平均、分行业	各国电力部门、BNEF Climatescope
接电时间	getting electricity time	各年数据	世界银行、各国电力部门
国内生产总值	GDP	各年总量	世界银行
人口	population	各年总量	联合国

供电保障能力、互联互通水平、国际专利和标准情况等 3 个无法直接获取的定量指标，采用线上线下调研的方式搜集基础数据，并对指标进行综合测算。

电力市场发展水平、新技术应用水平、数智化技术应用水平、绿色低碳政策制定及落实情况等 4 个定性指标由专家根据各国实际情况进行打分。以新技术应用水平二级指标为例，根据各国电力系统源网荷储各环节新技术应用情况进行综合打分，例如输电网首次采用更高电压等级或者柔性直流输电等新的输电技术，配电网首次应用虚拟电厂技术，发电侧首次并网海上风电等。

附　表

大洲	国家
亚洲	中国、日本、韩国、蒙古、柬埔寨、老挝、缅甸、泰国、越南、印度尼西亚、菲律宾、马来西亚、新加坡、印度、孟加拉国、尼泊尔、斯里兰卡、巴基斯坦、乌兹别克斯坦、吉尔吉斯斯坦、哈萨克斯坦、伊朗、以色列、约旦、伊拉克、科威特、沙特阿拉伯、阿曼、阿联酋、卡塔尔、巴林、阿塞拜疆、格鲁吉亚、塔吉克斯坦
欧洲	英国、爱尔兰、挪威、瑞典、芬兰、丹麦、冰岛、法国、荷兰、比利时、西班牙、葡萄牙、德国、奥地利、瑞士、意大利、斯洛文尼亚、塞尔维亚、希腊、克罗地亚、波兰、捷克、斯洛伐克、匈牙利、罗马尼亚、保加利亚、土耳其、俄罗斯、白俄罗斯、乌克兰
非洲	南非、埃及、阿尔及利亚、摩洛哥、利比亚、尼日利亚、加纳、突尼斯、安哥拉、赞比亚、埃塞俄比亚、肯尼亚、科特迪瓦、坦桑尼亚、喀麦隆、塞内加尔、乌干达
北美洲	加拿大、美国、墨西哥
中南美洲	巴西、智利、阿根廷、多米尼加共和国、乌拉圭、委内瑞拉、哥伦比亚、厄瓜多尔、秘鲁、哥斯达黎加、巴拿马、玻利维亚、古巴、波多黎各
大洋洲	澳大利亚、新西兰

排位	国家	总分	供应保障	消费服务	绿色低碳	技术创新	人均 GDP 排名
1	瑞典	93.9	97.4	93.5	88.5	91.8	10
2	挪威	92.8	98.6	87.6	90.0	90.8	1
3	加拿大	91.7	97.7	89.4	84.4	89.5	12

续表

排位	国家	总分	供应保障	消费服务	绿色低碳	技术创新	人均 GDP 排名
4	瑞士	91.5	93.6	92.4	89.0	85.5	3
5	丹麦	91.4	98.7	85.3	85.7	92.1	8
6	法国	91.0	94.3	87.1	88.8	93.9	21
7	中国	90.8	94.8	93.8	76.5	94.5	47
8	冰岛	86.7	95.5	84.3	78.3	75.5	4
9	葡萄牙	86.3	93.0	87.2	77.7	73.9	31
10	韩国	86.3	91.0	94.5	67.8	79.6	26
11	德国	86.3	93.0	84.9	70.6	94.6	18
12	奥地利	85.7	94.7	83.7	76.1	74.5	14
13	新加坡	85.5	94.9	87.9	64.7	82.1	5
14	日本	85.1	93.9	80.5	73.2	87.9	25
15	新西兰	85.1	92.2	79.0	85.7	73.2	19
16	西班牙	85.0	92.8	82.6	76.8	77.3	28
17	芬兰	84.4	94.7	82.6	85.4	66.2	15
18	澳大利亚	84.0	92.7	80.7	70.9	85.3	9
19	美国	84.0	85.5	87.0	71.3	94.1	6
20	荷兰	83.9	94.0	94.7	63.2	91.0	11
21	意大利	83.3	90.0	84.4	72.5	75.3	24
22	英国	83.2	87.6	89.2	68.2	90.8	20
23	爱尔兰	82.9	89.1	89.4	65.7	72.8	2
24	智利	82.7	88.8	80.3	76.0	78.9	43
25	哈萨克斯坦	82.3	87.8	86.7	64.4	83.1	49
26	比利时	81.1	93.3	77.3	75.8	54.0	16
27	阿联酋	80.9	86.2	95.6	59.2	58.7	17
28	俄罗斯	80.2	81.3	84.8	70.1	82.5	42
29	以色列	79.9	87.9	79.0	67.5	75.4	13

排位	国家	总分	供应保障	消费服务	绿色低碳	技术创新	人均 GDP 排名
30	沙特阿拉伯	79.8	88.4	90.9	56.8	58.0	27
31	科威特	78.7	91.5	90.6	51.9	46.0	22
32	卡塔尔	78.4	88.7	91.8	51.1	51.7	7
33	希腊	77.1	80.7	79.3	67.8	75.0	36
34	巴林	76.9	87.1	89.7	49.8	51.7	32
35	斯洛伐克	76.9	81.1	79.4	77.8	50.5	34
36	斯洛文尼亚	76.7	81.1	78.9	77.7	50.7	29
37	巴西	76.1	73.7	69.7	88.4	80.6	55
38	乌拉圭	76.0	80.8	75.4	72.3	66.4	35
39	保加利亚	76.0	82.6	78.0	66.4	62.3	45
40	捷克	75.8	79.7	81.5	61.7	71.8	30
41	白俄罗斯	75.7	79.3	85.3	61.6	60.6	56
42	土耳其	75.2	78.5	78.2	61.8	79.9	51
43	波兰	75.1	76.8	75.6	71.3	72.9	38
44	墨西哥	74.8	87.8	78.7	54.3	52.3	50
45	阿根廷	74.8	68.4	85.9	73.8	68.9	44
46	匈牙利	74.7	72.6	78.9	77.2	65.8	37
47	乌克兰	74.2	78.8	71.8	81.7	48.5	72
48	克罗地亚	73.3	76.1	74.3	73.5	58.3	39
49	老挝	73.2	77.6	73.8	75.8	48.2	88
50	埃及	73.0	74.2	80.8	64.1	62.2	69
51	巴拿马	72.8	75.2	77.4	68.4	58.6	40
52	阿曼	72.6	73.0	81.6	67.2	55.1	33
53	哥伦比亚	72.5	67.2	80.7	74.8	64.9	60
54	马来西亚	72.2	70.8	70.0	84.8	59.0	48
55	哥斯达黎加	72.0	71.6	77.4	76.2	49.4	46

续表

排位	国家	总分	供应保障	消费服务	绿色低碳	技术创新	人均 GDP 排名
56	秘鲁	71.7	71.9	73.2	82.8	44.7	59
57	乌兹别克斯坦	71.5	72.8	77.5	73.1	45.4	84
58	越南	71.5	75.9	79.9	57.5	57.2	73
59	塞尔维亚	71.4	71.0	78.5	70.8	52.5	54
60	摩洛哥	70.1	71.6	71.0	71.9	58.2	76
61	印度尼西亚	70.1	64.8	82.0	67.0	62.0	68
62	阿塞拜疆	69.8	73.1	80.2	57.5	50.4	57
63	厄瓜多尔	69.4	66.2	78.0	71.8	51.4	65
64	泰国	69.2	71.0	71.3	66.8	60.0	58
65	阿尔及利亚	69.2	77.2	70.1	54.7	62.7	71
66	吉尔吉斯斯坦	69.2	67.5	73.3	78.1	45.6	89
67	格鲁吉亚	69.1	73.0	73.8	59.2	58.9	63
68	约旦	68.3	67.8	71.3	75.1	47.9	70
69	罗马尼亚	68.3	75.5	69.6	67.1	48.0	41
70	南非	68.2	65.7	80.1	55.7	67.0	61
71	伊朗	67.9	73.9	74.0	59.0	43.6	67
72	利比亚	67.3	73.1	75.2	50.5	53.9	64
73	委内瑞拉	66.4	64.5	72.9	68.4	50.1	79
74	波多黎各	65.8	61.3	76.1	55.1	74.6	23
75	印度	65.6	63.7	70.3	55.6	79.3	83
76	塔吉克斯坦	65.0	56.2	70.8	80.0	53.2	97
77	蒙古	64.9	53.5	82.3	64.4	59.1	66
78	菲律宾	64.1	59.5	82.2	52.2	51.4	77
79	巴基斯坦	64.1	57.7	66.2	74.3	62.5	91
80	突尼斯	63.1	61.1	66.7	65.9	54.6	74

续表

排位	国家	总分	供应保障	消费服务	绿色低碳	技术创新	人均 GDP 排名
81	多米尼加共和国	62.9	55.9	68.3	73.4	53.4	52
82	玻利维亚	61.5	59.4	66.1	67.9	43.0	75
83	古巴	61.3	58.7	64.6	70.2	43.8	53
84	尼泊尔	60.9	64.6	62.8	60.7	40.7	98
85	斯里兰卡	60.8	58.0	63.6	68.5	48.0	78
86	孟加拉国	59.1	49.4	68.3	65.2	58.3	81
87	柬埔寨	58.8	49.2	66.8	66.8	57.0	90
88	加纳	58.3	54.5	63.1	63.6	48.4	86
89	科特迪瓦	58.1	48.3	66.4	72.2	44.4	82
90	肯尼亚	57.9	47.5	64.9	74.1	45.6	87
91	塞内加尔	57.7	44.2	68.3	75.2	44.8	92
92	喀麦隆	56.0	44.6	58.0	75.4	56.8	94
93	安哥拉	55.1	48.6	63.1	61.6	44.8	80
94	尼日利亚	55.1	41.2	72.3	62.5	43.6	85
95	缅甸	54.7	46.4	61.4	68.3	40.3	96
96	赞比亚	54.7	44.2	58.4	75.2	44.5	93
97	乌干达	53.9	42.1	59.4	80.4	31.7	100
98	坦桑尼亚	53.7	44.8	58.6	72.8	36.5	95
99	埃塞俄比亚	52.9	46.7	58.8	60.8	44.2	99
100	伊拉克	52.0	44.7	57.7	71.6	25.0	62

附表 3

全球电力发展指数评价基础数据

序号	全球	人均发电装机容量（千瓦）	电力普及率（%）	电网损耗	人均输配线路长度（米）	人均用电量（千瓦时/年）	接电时间（天）	户均停电时间（分钟）	平均电价（美分/千瓦时）	人均用电量增速	清洁能源发电量比重	电能占终端能源比重	电力碳排放强度（千克/千瓦时）	新能源发电量增速
1	中国	1.78	100	3.8%	5.6	5877	6.9	53.76	9	6.2%	35.1%	28.1%	0.61	23.3%
2	印度	0.34	99.6	20.3%	2.9	1032	22.8	222.948	13	4.5%	23.9%	16.4%	0.84	17.1%
3	日本	2.78	100	5.5%	12.7	7455	18.9	86	22.5	-1.7%	28.3%	30.0%	0.52	11.3%
4	韩国	2.83	100	3.4%	9.8	11349	15	10	12.6	1.9%	34.9%	25.4%	0.46	27.6%
5	沙特阿拉伯	2.29	100	9.8%	0.9	11231	5.5	118.8	13	2.5%	0.3%	17.4%	0.75	79.0%
6	伊朗	0.95	100	11.9%	18.1	3698	30	420	4	3.3%	6.5%	11.0%	0.52	28.9%
7	印度尼西亚	0.25	99.2	8.2%	4.6	1134	6	130.8	9	5.3%	20.1%	16.1%	0.73	86.8%
8	越南	0.84	100	6.8%	0.7	2491	18.5	124.2	11	6.6%	43.2%	27.7%	0.52	147.9%
9	泰国	0.81	100	7.2%	7.7	2819	27.9	22.8	16	0.6%	17.9%	17.4%	0.42	7.4%
10	马来西亚	1.10	100	6.8%	8.1	5502	34.4	28.8	9.5	3.6%	18.6%	23.8%	0.65	46.2%
11	阿拉伯联合酋长国	3.98	100	4.6%	5.1	16157	30	15	8.2	5.1%	15.4%	19.7%	0.40	55.4%
12	巴基斯坦	0.19	94.9	15.8%	2.8	653	20	4898.4	8.5	5.9%	37.5%	10.9%	0.50	8.3%

续表

序号	全球	人均发电装机容量（千瓦）	电力普及率（%）	电网损耗	人均输配线路长度（米）	人均用电量（千瓦时/年）	接电时间（天）	户均停电时间（分钟）	平均电价（美分/千瓦时）	人均用电量增速	清洁能源发电量比重	电能占终端能源比重	电力碳排放强度（千克/千瓦时）	新能源发电量增速
13	菲律宾	0.23	97.5	9.9%	2.3	869	18.6	214.2	20	3.6%	21.8%	21.4%	0.72	4.4%
14	哈萨克斯坦	1.33	100	9.0%	8.4	5522	18.1	54.6	5	3.3%	11.0%	17.3%	0.78	47.5%
15	孟加拉国	0.13	99	11.1%	3.3	586	88.9	3000	12	7.4%	1.3%	23.8%	0.63	15.8%
16	以色列	2.36	100	5.4%	8.3	6962	55.3	122.4	19	2.0%	9.9%	34.4%	0.59	34.8%
17	科威特	4.40	100	9.8%	1.8	17109	30	6	14	3.5%	0.2%	27.3%	0.78	39.3%
18	乌兹别克斯坦	0.49	99.9	15.8%	7.1	1977	9.3	13.2	3.5	6.1%	6.7%	14.1%	0.48	10.4%
19	伊拉克	0.67	100	128.5%	6.5	1274	18.6	6000	7	6.3%	2.3%	16.4%	1.35	0.0%
20	新加坡	2.13	100	1.2%	2.5	9684	20	3.6	19	2.0%	5.3%	24.5%	0.44	47.9%
21	卡塔尔	3.65	100	5.8%	2.9	16319	40	4.2	3	3.5%	0.3%	17.7%	0.46	-0.1%
22	阿曼	1.77	100	10.4%	4.1	7546	40	106.2	3	3.5%	0.6%	12.9%	0.50	76.3%
23	巴林	3.93	100	3.1%	1.7	19445	40	52.8	3	3.8%	0.0%	0.0%	0.45	8.0%
24	阿塞拜疆	0.75	100	9.4%	8.6	2320	4.6	57.6	5	2.8%	6.4%	15.2%	0.50	19.5%
25	缅甸	0.12	72.5	23.2%	5.1	276	50	1816.8	10	-1.6%	49.4%	7.8%	0.37	9.0%

续表

序号	全球	人均发电装机容量（千瓦）	电力普及率（%）	电网损耗	人均输配线路长度（米）	人均用电量（千瓦时/年）	接电时间（天）	户均停电时间（分钟）	平均电价（美分/千瓦时）	人均用电量增速	清洁能源发电量比重	电能占终端能源比重	电力碳排放强度（千克/千瓦时）	新能源发电量增速
26	约旦	0.61	99.9	12.2%	2.4	1757	3.8	142.8	9	0.9%	22.9%	28.4%	0.40	29.7%
27	斯里兰卡	0.23	100	15.6%	1.4	469	42.4	240	10	−5.9%	52.6%	13.8%	0.52	23.0%
28	吉尔吉斯斯坦	0.67	99.7	20.3%	2.9	2034	24.4	714	8	3.5%	85.9%	31.9%	0.13	0.0%
29	柬埔寨	0.19	82.5	12.5%	1.3	637	7.9	1246.8	20	9.6%	50.8%	13.5%	0.38	63.9%
30	尼泊尔	0.08	89.9	18.6%	1.5	305	21.3	3000	10	10.3%	100.0%	5.0%	0.00	11.6%
31	蒙古	0.49	100	12.0%	6.7	2607	17.8	3720	6	4.9%	11.1%	15.2%	0.77	36.9%
32	老挝	1.63	100	38.2%	3.9	1177	14.7	237.6	7	14.9%	73.0%	25.2%	1.33	44.8%
33	格鲁吉亚	1.05	100	6.5%	7.7	3520	20.9	281.4	9.9	4.1%	76.2%	23.0%	0.11	−0.2%
34	塔吉克斯坦	0.63	99.6	30.7%	10.0	1512	8.9	130.2	4.1	0.6%	89.3%	38.5%	0.14	0.0%
35	俄罗斯	2.08	100	9.3%	25.6	7087	8.1	10.92	9	1.4%	39.7%	12.8%	0.38	50.7%
36	德国	3.15	100	5.2%	21.0	6111	30.3	15	40	−1.7%	51.1%	18.9%	0.41	4.9%
37	法国	2.20	100	8.5%	20.7	6302	40	21	28	−1.4%	87.9%	24.7%	0.07	11.2%
38	土耳其	1.24	100	10.9%	14.9	3355	6.9	2681.4	17	1.6%	41.8%	21.1%	0.47	19.4%

续表

序号	全球	人均发电装机容量（千瓦）	电力普及率（%）	电网损耗	人均输配线路长度（米）	人均用电量（千瓦时/年）	接电时间（天）	户均停电时间（分钟）	平均电价（美分/千瓦时）	人均用电量增速	清洁能源发电量比重	电能占终端能源比重	电力碳排放强度（千克/千瓦时）	新能源发电量增速
39	英国	1.64	100	9.1%	22.3	4254	30	16.8	40	-1.9%	58.5%	20.6%	0.21	9.1%
40	意大利	2.04	100	6.3%	23.9	4939	10.2	78	33	-0.8%	36.3%	21.3%	0.30	2.7%
41	西班牙	2.49	100	11.2%	26.2	4908	32.1	30.6	28	-1.6%	62.2%	23.7%	0.24	8.8%
42	波兰	1.55	100	5.5%	12.4	4128	24.3	67.8	18	-0.6%	21.6%	15.6%	0.75	12.5%
43	乌克兰	1.54	100	11.1%	12.6	2623	51.5	162.6	8	-5.2%	67.4%	20.8%	0.29	31.1%
44	瑞典	5.10	100	8.4%	25.8	12578	17.5	36.6	10	-0.5%	99.0%	33.4%	0.01	14.0%
45	挪威	7.55	100	7.3%	49.0	22709	40	90	12	-0.4%	99.5%	47.5%	0.01	39.4%
46	荷兰	3.19	100	4.3%	11.7	6226	59.6	46.8	28	-0.3%	44.7%	16.5%	0.34	24.9%
47	比利时	2.29	100	4.2%	13.7	6948	76.6	24.6	34	-1.6%	71.0%	17.3%	0.15	14.2%
48	芬兰	4.45	100	3.8%	92.6	14367	32.4	12	20	-0.9%	90.1%	27.7%	0.07	20.3%
49	奥地利	3.35	100	5.0%	24.7	7322	22.8	37.8	27	-1.0%	74.9%	19.7%	0.11	5.2%
50	捷克	2.04	100	5.5%	15.9	5775	151.5	28.8	19	-0.7%	51.6%	18.5%	0.54	2.3%
51	瑞士	2.75	100	8.2%	15.7	6557	15	12	22	0.3%	99.1%	27.6%	0.00	16.8%
52	罗马尼亚	1.00	100	12.5%	19.1	2608	32.8	184.8	20	-1.2%	60.9%	15.1%	0.30	-1.1%
53	葡萄牙	2.31	100	9.0%	25.7	4976	10.4	32.4	22	0.4%	57.9%	25.1%	0.18	4.7%

续表

序号	全球	人均发电装机容量（千瓦）	电力普及率（%）	电网损耗	人均输配线路长度（米）	人均用电量（千瓦时/年）	接电时间（天）	户均停电时间（分钟）	平均电价（美分/千瓦时）	人均用电量增速	清洁能源发电量比重	电能占终端能源比重	电力碳排放强度（千克/千瓦时）	新能源发电量增速
54	希腊	2.09	100	11.3%	15.7	4419	11.6	94.2	25	-4.1%	46.6%	10.2%	0.33	13.6%
55	匈牙利	1.24	100	6.5%	21.2	4452	144.2	153.6	17	1.0%	66.9%	17.1%	0.15	36.8%
56	丹麦	3.35	100	5.9%	30.4	5700	35.3	30	24	-0.1%	88.8%	20.3%	0.09	6.4%
57	白俄罗斯	1.22	100	7.6%	29.3	3755	21.4	30.6	8	0.7%	15.5%	14.6%	0.44	14.3%
58	保加利亚	1.75	99.8	7.4%	18.4	5139	24.8	369	17	0.3%	51.4%	25.3%	0.62	3.8%
59	塞尔维亚	1.17	100	14.7%	22.6	4440	113.6	231	12	-0.9%	31.2%	25.3%	0.67	73.3%
60	爱尔兰	2.26	100	8.0%	36.9	6027	49.3	48	28	2.2%	41.8%	22.6%	0.34	9.9%
61	斯洛伐克	1.47	100	4.7%	10.3	4841	21.5	52.8	20	-1.1%	82.2%	18.7%	0.12	5.0%
62	冰岛	8.56	100	2.9%	64.1	54975	55	37.8	12	0.9%	100.0%	50.6%	0.00	0.0%
63	克罗地亚	1.35	100	10.1%	20.5	4272	20.9	198	18	0.6%	63.6%	19.5%	0.18	13.9%
64	斯洛文尼亚	2.09	100	6.4%	14.0	6319	56.9	7.8	19	-1.6%	73.3%	23.8%	0.22	13.4%
65	美国	3.61	100	5.0%	34.9	12397	45	76.8	17	1.2%	40.5%	21.4%	0.37	14.0%

续表

序号	全球	人均发电装机容量（千瓦）	电力普及率（%）	电网损耗	人均输配线路长度（米）	人均用电量（千瓦时/年）	接电时间（天）	户均停电时间（分钟）	平均电价（美分/千瓦时）	人均用电量增速	清洁能源发电量比重	电能占终端能源比重	电力碳排放强度（千克/千瓦时）	新能源发电量增速
66	加拿大	4.17	100	6.1%	40.9	14514	40	58.8	14.3	0.1%	82.8%	23.6%	0.13	4.8%
67	墨西哥	0.80	100	13.2%	11.3	2277	17.1	35.046	11	1.3%	25.0%	25.7%	0.50	23.8%
68	巴西	1.02	99.5	17.8%	9.4	2695	27.7	398.4	16	1.8%	90.1%	20.4%	0.06	20.3%
69	阿根廷	1.01	100	23.3%	19.8	2763	53.5	270.6	10	-0.8%	34.7%	19.0%	0.40	93.6%
70	智利	1.83	100	5.0%	9.4	4442	21.1	174	16	3.0%	56.6%	23.9%	0.33	25.9%
71	哥伦比亚	0.37	100	5.8%	7.2	1569	59.6	270	15	2.1%	71.9%	19.2%	0.18	86.1%
72	委内瑞拉	1.23	100	49.1%	6.9	2006	13.9	1200	8	-4.2%	77.7%	38.9%	0.21	0.5%
73	秘鲁	0.44	95.6	13.4%	2.6	1458	79	383.4	15	1.5%	61.4%	22.3%	0.20	14.1%
74	厄瓜多尔	0.45	100	17.3%	7.4	1497	18.1	127.2	10	2.8%	81.0%	18.7%	0.21	-1.5%
75	波多黎各	1.99	100	6.8%	14.2	5468	40	861	21	3.3%	2.6%	0.0%	0.90	7.3%
76	古巴	0.68	100	25.3%	3.7	1292	60	900	5	-3.5%	4.6%	21.8%	1.21	23.8%
77	多米尼加共和国	0.49	100	12.8%	4.0	1683	16.7	34.8	13.5	2.7%	14.2%	21.7%	0.73	28.8%

续表

序号		人均发电装机容量（千瓦）	电力普及率（%）	电网损耗	人均输配线路长度（米）	人均用电量（千瓦时/年）	接电时间（天）	户均停电时间（分钟）	平均电价（美分/千瓦时）	人均用电量增速	清洁能源发电量比重	电能占终端能源比重	电力碳排放强度（千克/千瓦时）	新能源发电量增速
	全球													
78	乌拉圭	1.54	100	10.8%	14.0	3384	34.2	600	14	1.1%	90.9%	20.1%	0.12	5.5%
79	哥斯达黎加	0.69	100	10.7%	9.3	1976	39	32.4	15	1.1%	100.0%	23.4%	0.00	1.7%
80	巴拿马	1.03	95.3	11.3%	4.2	2691	1.8	469.2	19	4.6%	78.2%	26.8%	0.17	12.8%
81	玻利维亚	0.34	98.6	9.0%	12.7	865	30	477.6	19	3.9%	35.0%	8.4%	0.32	64.4%
82	南非	1.01	89.3	12.6%	10.0	3197	11.9	1831.8	10	-2.0%	12.2%	27.0%	0.95	12.4%
83	埃及	0.55	100	21.3%	3.2	1655	76.9	119.4	6	1.7%	11.5%	22.8%	0.53	30.6%
84	阿尔及利亚	0.48	99.8	11.9%	6.7	1732	49.1	254.4	10	3.7%	0.8%	12.9%	0.49	3.0%
85	摩洛哥	0.37	100	20.9%	5.3	912	9.8	29.4	10	2.2%	17.9%	17.6%	0.91	14.5%
86	利比亚	1.44	70.2	26.2%	7.5	3380	70	1200	1	-1.7%	0.0%	17.4%	0.76	2.4%
87	尼日利亚	0.06	59.5	17.1%	2.5	150	9.4	3600	4	2.9%	21.7%	1.7%	0.40	12.6%
88	加纳	0.16	86.3	8.5%	5.6	571	44.7	3356.4	12	8.8%	34.0%	16.4%	0.36	36.4%
89	突尼斯	0.54	99.9	24.8%	3.3	1615	128.3	152.4	7	2.5%	3.1%	18.0%	0.47	2.0%
90	安哥拉	0.20	48.2	13.0%	4.3	402	7.7	767.4	4	9.3%	75.0%	10.5%	0.23	0.7%

续表

序号	全球	人均发电装机容量（千瓦）	电力普及率（%）	电网损耗	人均输配电线路长度（米）	人均用电量（千瓦时/年）	接电时间（天）	户均停电时间（分钟）	平均电价（美分/千瓦时）	人均用电量增速	清洁能源发电量比重	电能占终端能源比重	电力碳排放强度（千克/千瓦时）	新能源发电量增速
91	赞比亚	0.19	46.7	16.0%	0.7	748	61.7	3073.2	8	3.5%	88.9%	12.0%	0.14	272.3%
92	埃塞俄比亚	0.05	54.2	29.8%	1.5	85	194.3	12000	4	3.9%	100.0%	2.2%	0.00	2.5%
93	肯尼亚	0.06	76.5	30.6%	1.2	150	78.9	720	4	1.1%	92.0%	5.1%	0.11	79.9%
94	科特迪瓦	0.08	71.1	20.3%	0.6	308	39.8	865.2	16	5.7%	31.1%	9.6%	0.38	20.8%
95	坦桑尼亚	0.03	42.7	15.6%	1.0	124	52.6	1254	9	5.6%	32.6%	2.7%	0.34	3.3%
96	喀麦隆	0.06	65.4	28.7%	1.2	205	16.2	6000	15	0.0%	62.4%	6.3%	0.28	5.4%
97	塞内加尔	0.10	68	15.0%	0.6	418	24.8	1042.8	17	9.9%	25.7%	14.4%	0.87	76.9%
98	乌干达	0.05	45.2	27.7%	0.7	84	18.1	3702	16.6	10.3%	99.0%	1.8%	0.02	16.5%
99	澳大利亚	3.93	100	4.6%	38.6	9690	56	60	25	0.1%	34.5%	23.6%	0.56	26.2%
100	新西兰	2.05	100	6.5%	38.1	8179	50	226.2	18	0.3%	86.8%	25.0%	0.07	7.6%

参 考 文 献

［1］辛保安. 新型电力系统与新型能源体系［M］. 北京：中国电力出版社，2023.

［2］辛保安. 新型电力系统构建方法论研究［J］. 新型电力系统，2023，1（1）：1-18.

［3］中国能源研究会，自然资源保护协会. 构建新型电力系统路径研究［R/OL］.
（2024-07）. http://www.nrdc.cn/information/informationinfo? id=334.

［4］苏丽敏，马翔文. 经济高质量发展评价指标体系的构建［J］. 理论探讨，2022.

［5］代红才. 新能源与智能电网协调发展评价指标体系研究［J］. 能源技术经济，
2011，23（5）：18-23.

［6］杜丹，2020. 新能源发电与电网协调发展综合评价研究［D］.

［7］李虹，董亮，段红霞. 中国可再生能源发展综合评价与结构优化研究［J］. 资源科
学，2011，33（3）：431-440.

［8］Li J, Wang L, Lin X, et al. Analysis of China's energy security evaluation system：Based
on the energy security data from 30 provinces from 2010 to 2016[J]. Energy, 2020, Vol.
198.

［9］Brodny J, Tutak M，Bindzár P. Assessing the level of renewable energy development in
the European Union member states. A 10-year perspective[J]. Energies, 2021, 14(13).

［10］Tongsopit S, Kittner N, Chang Y, et al. Energy security in ASEAN: A quantitative
approach for sustainable energy policy[J]. Energy Policy, 2016, 90(60-72).

［11］马茹，罗晖，王宏伟，等. 中国区域经济高质量发展评价指标体系及测度研究［J］.
中国软科学，2019.

［12］赵金薇，2022. 西部地区能源产业高质量发展评价指标体系构建及测度研究［D］.

［13］Narula K, Sudhakara Reddy B, Pachauri S, et al. Sustainable energy security for India:
An assessment of the energy supply sub-system[J]. Energy Policy, 2017, 103(127-144).

［14］Wang Q, Zhou K. A framework for evaluating global national energy security[J].

Applied Energy, 2017, 188(19-31).

［15］Hu W, Guo Q, Zhou Y, et al. Dynamic comprehensive methodology for assessing power development level based on provincial data[J]. CSEE Journal of Power and Energy Systems, 2019.

［16］Li W, Dong F, Ji Z, et al. Evaluation of provincial power supply reliability with high penetration of renewable energy based on combination weighting of game theory-TOPSIS method[J]. Sustainable Energy，Grids and Networks, 2023, 35(101092).

［17］Gong X, Wang Y, Lin B. Assessing dynamic China's energy security：Based on functional data analysis[J]. Energy, 2021, 217.

［18］Wang Y, Zhang D, Ji Q, et al. Regional renewable energy development in China: A multidimensional assessment[J]. Renewable and Sustainable Energy Reviews, 2020, 124(109797).

［19］Brodny J, Tutak M. Assessing the energy security of European Union countries from two perspectives – A new integrated approach based on MCDM methods[J]. Applied Energy, 2023, 347(121443).

［20］Wu T-H, Chung Y-F, Huang S-W. Evaluating global energy security performances using an integrated PCA/DEA-AR technique[J]. Sustainable Energy Technologies and Assessments, 2021, 45.